De platte Wiehnachtsmann

Plattdeutsche Geschichten
und Gedichte
zum Weihnachtsfest

von

Manfred Brümmer

mit Bildern von

Ulf-Peter Schwarz

NWM

Impressum:

2. Ausgabe 2011

Texte: Manfred Brümmer
Illustrationen: Ulf-Peter Schwarz
Satz / Gestaltung:
und Druck: cw Nordwest Media Verlag

Verlag: cw Nordwest Media Verlag
                    Große Seestraße 11
                    23936 Grevesmühlen
                    Tel. / Fax: 03881-2339
                    E-Mail: info@nwm-verlag.de
                    www.nwm-verlag.de

ISBN: 978-3-937431-58-1

Inhalt

De Winter is 'n rugen Kierl

De Winter is 'n rugen Kierl,
vull Growwheit is sien Wäsen,
geiht mit uns üm grad as he will,
jagt üm de Uhr'n uns Snei un Küll
un knippt uns in de Näsen.

An Blaumen un an Vagelsang
kann he kein Hoeg nich finnen,
doch fäägt he Bööm un Feller blank
will he mit Stormwinds wilden Klang
sien kolle Freud uns künnen.

All'ns wat sien iesig Hand angrippt,
dat möt vör Küll gliek krachen,
un wenn de Minsch sick fix verkrüppt
un achtern Aben Punsch denn süppt,
hürt man em fröhlich lachen.

Doch will ick giern mal mit em gahn
up all sien frostig Wägen,
treck Handschen, Mütz un Stäwel an,
gah rut, üm ok as rechten Mann
em buten tau begägen.

Un fohrt he noch so daal up mi,
ick lat mi't nich verdreiten,
ick drink 'n Sluck Krambambuli
un lat denn' Wind de Melodie
mi üm de Buddel fläuten.

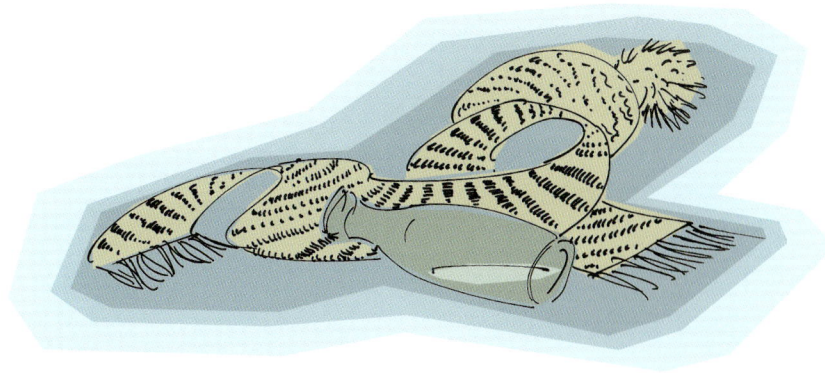

Dat Johr is nu mäud word'n

Dat Johr is nu mäud word'n , will tau'n Slaap sick leggen
un will as de annern tau Ewigkeit gahn,
doch grote Freud will't di tau'n Awschied schenken:
de Wiehnacht is nu kamen, de Lichter sünd an.

Un geew't ok nich ümmer Glück un schöne Stunnen,
wier'n Kummer un Sorgen woll ok mal tau Gast,
hest jeden Dagg du wenig Rauh ok funnen,
de Wiehnacht is nu kamen, vergät all dien Last.

De Leiw un denn' Fräden will de Wiehnacht bringen,
so nimm se un giw dorvon aw rings üm di,
denn geiht dien Hart up, hürst du't sing'n un klingen,
de Wiehnacht is nu kamen, se is ok in di.

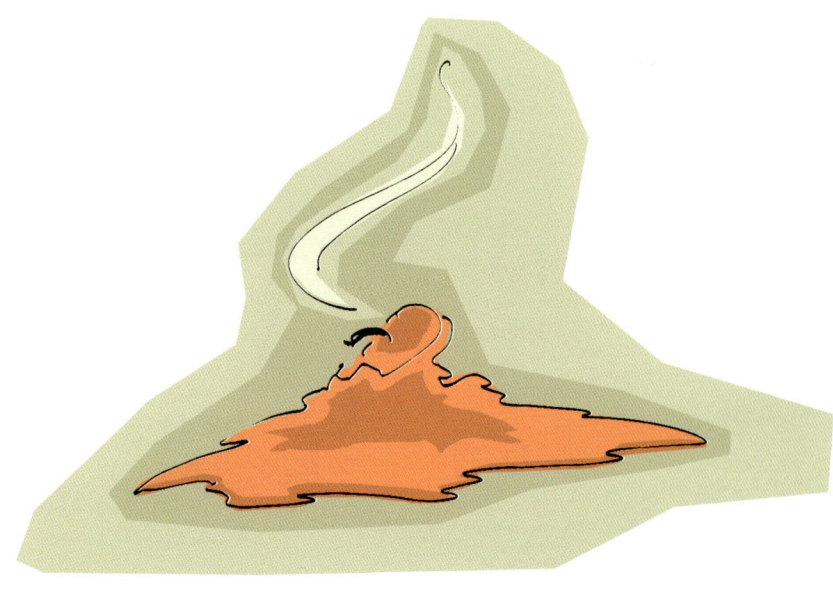

Nu ward dat all düster

Nu ward dat all düster, nu kümmt gliek de Nacht,
de Stierns an denn' Häben holl'n still dor ehr Wacht,
drüm mak, mien lütt Döchting, dien Ogen nu tau,
dien Mudder is bi di un singt di tau Rauh.
Heia hei, heia hei, slaap säut, mien leiw Kind.

Nu treckt ok de Mand all an't hoog Himmelszelt,
makt hell uns dat Düster un sülwern de Welt
un seggt uns: Ji Minschen, nu gaht man tau Rauh.
Süht he mien lütt Diern hier, denn lacht he ehr tau.
Heia hei, heia hei, slaap säut, mien leiw Kind.

Sasst slaapen un drömen ein'n wunnerschön'n Droom
von Christkind un Engel un von' Dannenboom,
wat Vadder un Mudder woll schenken ehr Diern,
se hebben ehr Kind ja von Harten so giern.
Heia hei, heia hei, slaap säut, mien leiw Kind.

Wedder ward't Wiehnacht

Wedder ward't Wiehnacht,
iehrer wi lang'n hebben nahdacht,
is all wedder ein Johr dorhen,
los güng't in' Draww, geiht so tau Enn'?
Koenen wi uns besinnen
un tau Rauh ok mal finnen?
Ob wi se glöben odder nich
hüren wi de Wiehnachtsgeschicht.

Von Schap un Hirten
un von denn' Fräden up Ierden
un wat de Engel hett vertellt
von't Kind, dat nu erlöst de Welt,
wi hüren tau un denken,
wat uns Leiwen wi schenken,
hebben ok fründlich Würd in' Sinn
för de, de wi nich lieden künn'n.

Fix is't voroewer,
blot noch poor Reste sünd oewer
von Äten, Drinken, Frädensdroom
de Nadeln fall'n von' Dannenboom.
Mücht doch bäten noch blieben
bi uns' Hasten un Drieben
von dat gaude Gefäuhl in't Hart,
dat wi hebb'n wenn dat Wiehnacht ward.

Gaude Wünsche

Mit einen Ruck bliwwt Jürgen up de Straat stahn. „Minsch, Rolf, büst du dat?" –
„Hä?", seggt Rolf, nimmt de Sünnenbrill aw un einen Ohropax-Stöpsel ut dat
linke Uhr. „Wat sall dat?", fröggt Jürgen, „büst du krank?" – „Nee", seggt Rolf, „ick
kann blot denn' ganzen Dudel- un Bimmel- un Blinkerkram nich miehr aw." Jür-
gen wunnert sick. „Hest du denn wat gägen Wiehnachten?" – „Nee, ganz un gor
nich", grummelt Rolf, „blot wat dorgägen, dat Wiehnachten all Anfang November
utbräken deiht. Soans hew ick nu all de Snuut vull dorvon."
„Mann", seggt Jürgen, „nu hew di nich so. Wenn dat Harwst ward, denn geiht dat
nu mal up Wiehnachten tau." – „Tschä", meint Rolf, „wenn du dat so sühst...maggst
du dien Frau eigentlich ümmer noch lieden?" Jürgen kiekt em an: „Woans
kümmst du denn dor up?"
„Nu, se geiht ja up de sösstig tau." Jürgen fohrt up: „Mien Frau is vörrig Wääk föff-
tig worden!" – „Äben dorüm", seggt Rolf. Jürgen hett dat nu doch wedder ielig.
„Rolf, dat is gaud, dat wi uns hüt noch drapen hebben. Soans kann ick di gliek
Fröhliche Wiehnachten un einen gauden Rutsch wünschen. Wi verreisen nämlich
morgen un kamen ierst in' Januar wedder."
„Danke", seggt Rolf, „dat wünsch ick di ok. Un ok gliek Frohe Ostern, schöne Ping-
sten un hartlichen Glückwunsch tau'n Geburtsdagg. Un dat allens gliek soeben
Mal."
Jürgen is verbaast. „Woso denn dat?" – „Tschä", grient Rolf, „ick hew mi üm ne Stell
in't Utland beworben, un wenn de mi gliek nähmen, kriegen wi uns villicht ierst
wedder tau seihn, wenn ick Rentner bün. Dat heit, wenn ick hierher trüggkam.
Wenn nich, denn nu gliek för alle Fierdaag, de in dien Läben noch kamen allens
Gaude un ein schönes Gräwnis."

Nu is wedder tau bedenken

Nu is wedder tau bedenken:
Wat sall ick mien Leiwen schenken,
Wiehnacht is dat schönste Fest
un dor schenkt man blot dat Best.

Ierstmal tellt man sien Verwandtschaft
all de Frünn' un de Bekanntschaft,
un denn markt man ganz gewiss,
dat''n groten Hümpel is.

Nu kann man sick Listen maken
oewer dit un dat an Saken,
dorbi rut kümmt jedenfalls:
Geiht ja nich, de hebb'n ja all'ns!

So'n poor utgefallen Dingen
künnen dor villicht wat bringen,
doch dat kost' denn ja noch miehr,
Ungewöhnliches is düür.

Ach, du mötst in dienen Brägen
jedein'n hen un her bewägen,
so oft hest nich, dat is klor,
an ehr dacht dat ganze Johr.

Kannst binah ehr nich miehr lieden
un schimpst up de Wiehnachtstieden,
doch dat giwt wat, wat di freut:
Dat' de annern jüst so geiht!

Dat Wiehnachtsgeschenk

De Kierl, de dor üm de Eck sliekt un denn' Schal bet ünner de Ogen un denn' Haut bet up de Näs treckt hett, de kümmt Rolf bannig bekannt vör. „Jürgen?" fröggt he un fat' denn' annern an' Mantel. „Pst! Nich so luut", flüstert de, „ick bün dat nich, un du hest mi nich seihn, klor?" Rolf treckt Jürgen in ein Eck. „Ick dacht' du wierst verreist?" – „Wullten wi ja ok", seggt Jürgen, „is blot in de letzt Minut wat twischenkamen." – „Un worüm sall nu keiner weiten, dat du hier büst?", fröggt Rolf. „Wiel denn Tante Alma von Rügen tau Besäuk kümmt! De hett uns doch vörrig Wiehnachten dat Ölgemälde mit denn' röhrenden Hirsch schenkt. Un wenn se dat nu nich bi uns hangen süht, giwt dat Krach!" Rolf grient. „Denn hang dat doch einfach up." – „Ick hew dat nich miehr", stoehnt Jürgen. „Un nu maken wi abends kein Licht miehr an, gahn nich miehr an't Telefon un ick loop blot noch in Verkleedung rüm. Keiner dörf wat mitkriegen, Tante Alma hett väl Bekannte hier, de ehr anraupen künnen un seggen, dat wi doch dor sünd."

„Ick hew 'n weik Hart", seggt Rolf, „ick hew grad 'n Zettel in de Tasch, dor schriew ick nu rup: Ölgemälde, Röhrender Hirsch, leihweise erhalten. So, Ünnerschrift, fardig. Un nu seggst du ehr, ick harr di dat ümmer noch nich trüggäben." – „Danke, Rolf", seggt Jürgen un stäkt denn' Zettel in. „Oewrigens, Rolf, Tante Alma wull di all lang'n eins kennenliehren, un dor hew ick ehr dummerwies mal dien Adress gäben."

„Wat?", bölkt Rolf. „Ja", meint Jürgen, „äver dat makt ja nix. Wenn se di besäuken will, seggen wi, du büst verreist, un dormit keiner markt, dat dat nich stimmt, dörfst du blot nich an't Telefon gahn, abends kein Licht anmaken, un wenn du rut wisst, möst du di 'n bäten verkleeden."

15

De platte Wiehnachtsmann

Sebastian (12) schriwwt an denn' Wiehnachtsmann:

He, Wiehnachtsmann, nu hür mal tau
All siet poor Johren is dat so,
dat ick mi ümmer oewerlegg,
ob ick di mal de Wohrheit segg,
un dit Johr möt dat endlich rut,
ick holl nich länger miehr de Snut!
Tau'n iersten: Süll't di würklich gäben,
hew ick di noch nich seih'n in't Läben.
Twors keem so'n Kierl stets tau uns rin,
mit witten Bort un deipe Stimm
un mit so'n rod' Klamotten an

un säd, he wier de Wiehnachtsmann,
von wiet, dörch Busch un Dann' keem he -
ick wüsst 't, wier Unkel Korl, wiel de
bannig nah Sweit un Knoblauch stinkt
un man ok rückt, dat he giern drinkt.
Un ok bi Max wüsst ick Bescheid,
wiel de ganz gruglich stamern deiht,
bevör de harr sien'n Spruch herut
wier binah all de Wiehnacht ut.
Nu will ick mi mit de Verwandschaft
un mit mien Öllern ehr Bekanntschaft
ja nich vertüür'n, drüm ward'k nix seggen,
se sallen ehr Vergnäugen hebben.
Doch wier't mal nich so as gewöhnlich,
un du keemst würklich mal persönlich
hier tau uns her un drööpst up mi,
denn säd ick furts de Wohrheit di.
Denn säd ick di: Dat is nich wohr,
dat du denn' ganzen Rest von't Johr
dor in ein Warkstäd klucken deihst
un du dor bastelst, prühnst un neihst
un rümarbeitst as dusselig –
nee, Wiehnachtsmann, dat glöw ick nich,
un harr ick noch so väl Vertrugen,
du kannst doch kein Computer bugen!
Mien Öllern hebb'n denn' Sack di packt,
du hest em di blot oewersackt,
un dormit liggt dat up de Hand:
Du büst nich miehr as ein Versand!
Un dorüm will'k kein Fragen miehr,
ob ick woll leiw un orrig wier,
un vör dien Raut, wo lächerlich,
glöw mi, harr ick kein Bangen nich,
un süsst du mi blot dormit draugen,
denn würd ick di vör't Schienbein haugen
un seggen: Lat denn' dummen Snack!
Wat sall de Kram? Mak up dien'n Sack,
mak dat mit de Geschenke klor,
un denn Adschüß bet' nächste Johr!
So wier dat, keemst du würklich mal
von' Himmel odder süsswo daal.
Na segg, woans gefüllt di dat?
Tjä, Wiehnachtsmann, dor büst du platt!

Gah ick so dörch de Straaten

Gah ick so dörch de Straaten
wenn Hilligabend is,
denn is de Stadt verlaten,
as harr's von Larm nix wüsst.

Doch in de Finster sühst du
denn gülden Lichterschien,
lies klingen up de Straat rut
de Wiehnachtsmelodien.

Denn sträwt mien Schritt nah Hus hen,
vull Freud slöggt mi dat Hart,
wiel dat för mi tau Hus denn
ja ok gliek Wiehnacht ward.

Dor, wo mien Kinner singen,
ein Arm sick üm mi leggt,
wo all'ns mit fröhlich Stimmen
denn „Frohe Wiehnacht" seggt.

Is uns mit leiwe Minschen
dit Wiehnachtsglück vergünnt,
denn lat' ok gahn uns' Wünschen
tau de, de einsam sünd.

Ick hew mi 'n lütten Dackel wünscht

Ick hew mi 'n lütten Dackel wünscht
dit Johr von' Wiehnachtsmann,
ick will ok gor nix anners hebb'n,
wenn ick denn' kriegen kann.

Ein'n Brauder odder Schwester harr
ick ok woll gor tau giern,
doch wenn ick dat mien Öllern segg,
will'n se dorvon nix hür'n.

Drüm wünsch ick mi 'n lütten Hund,
mit denn' ick spälen kann,
de blafft un springt denn üm mi rüm
un kiekt mi lustig an.

An' Abend kümmt he in sien'n Korw
un an mien Bett denn hen,
un ick sing lies ein Lied em vör,
wenn wi nich slapen koen'n.

Ick will ok ümmer orrig sien,
so gaud as ick man kann,
bringst du 'n lütten Dackel mi,
du leiwe Wiehnachtsmann.

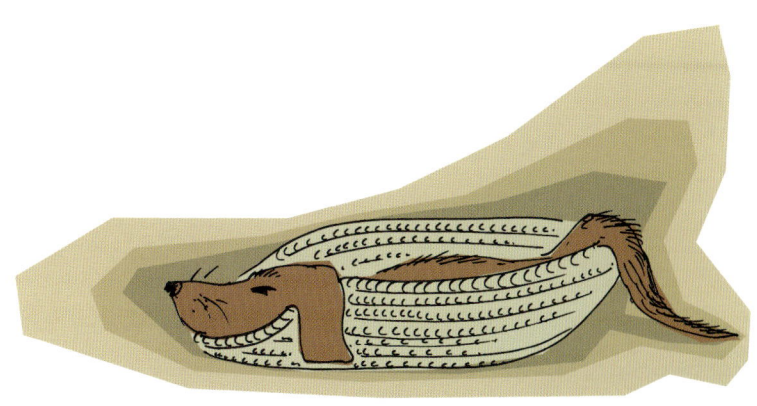

21

De Wiehnachtspopp
nah ein Idee von Marie–Luise Puls

Tauierst möt ick mal wat taugäben: Ick hew as lütt Jung giern mit Poppen spält. Ick weit, dat hebben anner Jungs ok, äver de gäben dat nich tau.

Klor, Iesenbahnen un Autos sünd ok schön, un dor lött sick ok gaud mit spälen, äver dat sünd eigentlich doch doode Saken, ok wenn se noch so fix flitzen koenen.

So'n Popp äver, de is doch binah so as 'n Minsch, de kannst wat vertellen, un de hürt di tau. Snack mal mit so'n Iesenbahn odder so'n Auto doroewer, dat dat in' Kinnergorden all wedder Spinat gäben hett. Dat interessiert de gor nich. Doch ne Popp, de kannst du dat vertellen, un de versteiht di.

Ick harr damals dat ganze Johr all dremmelt, dat ick tau Wiehnachten ne Popp hebben wull. Mudder hett blot ümmer doroewer lacht, un Vadder hett mi so komisch ankäken. Ick glöw, em hett dat blot beruhigt, dat ick süss ja mit de annern Bengels dörch Schiet un Matsch toben dehd un ofteins mit ne bläudig Näs nah Hus keem.

Jedenfalls stünn up mienen Wunschzettel ne Popp, nix wieder as ne Popp. Un ne Diernspopp süll dat sien, kein Jungenspopp. All dorüm, wiel de Dierns in' Kinnergorden ümmer so zickig un blarig wieren, wenn ick mit ehr spälen wull, un nu wull ick mal ne Diern hebben, de nett wier un nich ümmer queesen un hulen dehd.

Jedenfalls keem de Wiehnachtsabend ran. Ick wier bannig upgerägt. Mudder ok, äver dat wier woll blot wägen de Inköperie un dat Kaaken un so.

Meddags geew dat Bockwusst un Tüffelsalat un abends süll dat Karpen gäben. Nah dat Meddagäten müsst ick in de Koek sittenblieben, un ick künn blot hüren, dat de beiden ümmertau wat in de Stuw rindrägen dehden. As ick denn doch 'n bäten luuschern wull, seeg ick grad noch, dat Mudder mit twei Buddel Bier wedder ut de Stuw rutkeem un trüggrööp: „Drei Buddels warden ja woll langen för de Tied, denk ick! Un mak nich wedder so väl Lametta ran!"

Denn makte se de Dör tau, un tau hüren wier, dat Vadder von binnen awslööt. Ick würd in't Bett stäken – Meddagsslaap! As wenn ick slapen künn! Ümmer müsst ick an de Popp denken, de ick förwiss kreeg. Denn wenn ick kein kriegen süll, dat harr ick mi vörnahmen, denn wull ick dat anner Spältüüg gor nich ankieken, un von tau Hus utrieten wull ick ok!

Endlich wier de Tied rüm. Ick würd noch in de Badwann stäken un kreeg denn disse gaude Büx an, de ick nich lieden künn un ein Hemd, dat an' Kragen kratzen dehd, äver dat wier mi allens egal. Ok Mudder güng fix noch in de Slapstuw un makte sick fein, sogor Locken harr se sick dreiht, dat seeg ick nu ierst.

Ick schööt orrig tausamen, as dat in de Stuw bimmeln dehd! Furts wier ick an de Dör, äver Mudder nehm mi an de Hand un wi güngen tausamen in de Stuw. Un dor stünn de Dannenboom! Schön wier de, mit all sien Lichter un Lametta, doch ick keek blot, wat dorünner leeg. Äver dor wier noch ein witt Dauk oewerdeckt,

23

un Vadder, de sick ne Büx mit Bügelfalten un ein witt Hemd antreckt harr, läste ierst wat vör: De Geschicht von Maria un Joseph un dat Christkind, dat in einen Stall geburen würd un von de Engel un de Scheper. Denn spälte Mudder up dat Klavier un wi süngen.

Mit dat Gedicht, dat ick denn upseggen süll, keem un keem ick nich trecht, ümmer an de glieke Städ bleew ick stäken, ick müßt ümmertau ünner denn' Dannenboom kieken, ob dor ünner dat Dauk nich wat nah ein Popp utseeg.

Endlich harden mien Öllern ein Inseihn, un mien Vadder nehm dat Dauk wegg. Ick hen: 'n Bukasten ... wull ick nich! Buntstifte .... so'n Schiet! Äwer dor! 'n bunten Karton! Un würklich, ne Popp wier dor in, mit blonde Zöpp un rode Latzhosen an! Wat hew ick mi freut! De Bukasten un de Buntstifte bleben liggen. Mien Vadder vertröök dat Gesicht, äwer Mudder lachte un fröög: „Na, un woans sall dien Popp nu heiten?" Dor harr ick noch gor nich an dacht, äwer furts fööl mi wat in. „Christa Retter!" rööp ick. Mien Öllern keken sick an. „Gliek 'n ganzen Namen hest du di för ehr utdacht?" fröög mien Mudder, „Poppen hebben doch eigentlich ümmer blot 'n Vörnamen." Mien Vadder wunnerte sick ok: „Kennst du denn ein Diern, de so heit, odder woans kümmst du dor up?" „Nee", rööp ick, „kennen dau ick ehr nich, äwer wi hebben doch vörhen so schön von ehr sungen: ‚Christa Retter ist da!'" Worüm de beiden mit mal luuthals tau lachen anfüngen, hew ick damals nich verstahn.

Christa Retter is mien einzig Popp bläben, de ick krägen hew, denn in' Sommer kreeg ick ne lütt Schwester, un de wier väl nüdlicher as ne Popp, un de hett mi ok tauhürt, un mit ehr spälen künn ick later ok.

Bet se denn ok in dat Öller keem, wo se zickig un quarig würd.

Äwer dat is ne anner Geschicht.

Wiehnacht

Buten ganz sacht fallen Flocken von' Häben,
witt is de Ierd un liggt as in' Droom,
oewer dat Land geiht Slaap un geiht Fräden,
deip in denn' Snei liggen Busch nu un Boom.

Sacht bringt de Wind nu ein Klingen von wieden,
hürst mit de Uhr'n nich, blot mit dat Hart,
geiht dörch de Welt un geiht dörch de Tieden,
seggt di, dat' wedder mal Wiehnachten ward.

Lat' uns doch tauhür'n in Rauh un in Fräden,
wann sünd wi süss mal so liesing un still,
lat' doch mal swiegen denn' Larm in uns Läben,
denn hür'n wi ok, wat dat seggen uns will.

Koen'n wi noch staunen as in Kinnertieden,
is uns uns Klaukheit mit eins ganz egal –
mit denn' Gedanken an Fräden up Ierden
seih'n wi denn allens, as wier't ierste Mal.

Instippen

Weitst noch, du wierst ne lütte Kroet,
un Wiehnachten geew't Päpernoet,
un seegst du denn dien Größing sitten
un Päpernoet in' Kaffee stippen,
un hest vertreckt du dien Gesicht:
„Oh nee, so schmecken de doch nich!",
hett's seggt: „Du wardst ok noch entdecken,
dat's so an' allerbesten schmecken."
Dor hest du lacht un dat nich glöwt
un rinnerbäten, dat dat stöwt.
Un Johr üm Johr hett' in dien Läben
väl Päpernoet tau Wiehnacht gäben.
Doch jichtenswann, nah Johr un Dagg,
dor bittst du nich miehr tau dat' kracht,
dor kriggt dien Tähnwark dat tau weiten,
worüm de Dinger „Noet" ja heiten.
Un wenn so'n harte Päpernoet
dien Tähn'n mal richtig weihdahn hett,
markst du – so kriggst ehr nich miehr rin –
denn denkst du nah – un stippst ehr in.
Vertreckt dien Enkel denn't Gesicht:
„Oh nee, so schmecken de doch nich!",
seggst du: „Du wardst ok noch entdecken,
dat's so an' allerbesten schmecken."

27

Heite Leidenschaft

Wenn neger kümmt de Wiehnachtsmann,
kümmt ok de Grog- un Punschtied ran.
Dat is't, wat ick an' leiwsten magg,
so warmt kein Sünn an' Sommerdagg.

Grog drink ick gliek nah't Upstahn ein'n,
de warmt bet in de barsten Bein,
un kümmt de Meddagstied heran,
denn rühr ick mi 'n Gläuhwien an.

An' Abend pünktlich nah de Klock
verlangt mien Maag nah'n stiewen Grog.
So kümmt', dat wochenlang rundüm
ick ümmer gaud in Stimmung bün.

Drüm is mien gröttste Wiehnachtswunsch:
Schenkt Rum un Wien tau Grog un Punsch!
Wenn ick denn ünner'n Dann'boom stah,
denn sing ick: Prost! Halleluja!

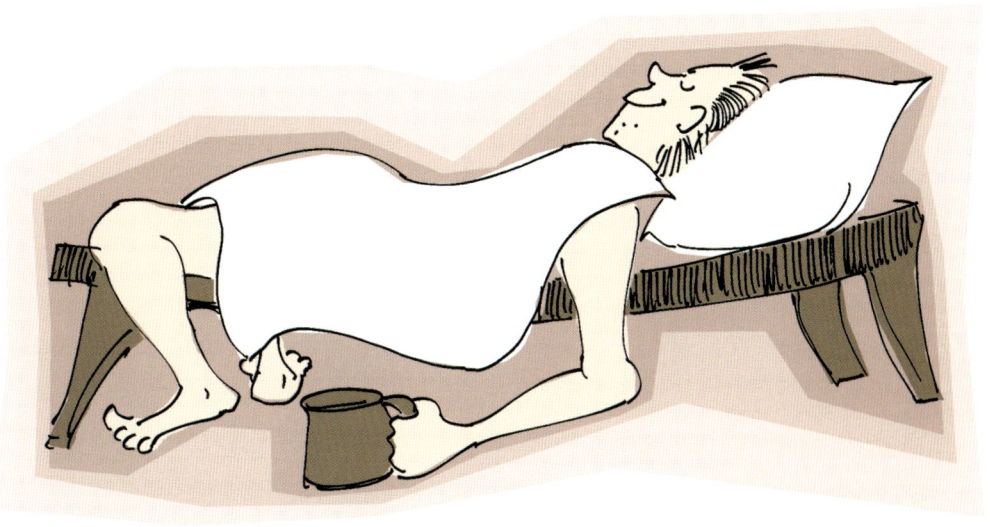

Termin-Geschäfte

Ümmer miehr verlagert sick Wiehnachten nah vörn. Dat Wiehnachtsfest sülben ja eigentlich nich, blot de Vörbereitungen. Binah is dat ja ok tau verstahn. De Schokoladen-Osterhasen, de nich köfft un upäten worden sünd, warden ja nich einfach weggsmäten, sünnern ümkaakt tau Wiehnachtsmänner. Un ick denk mi, Schokolad höllt sick ok in de Käuhlhüser nich ewig, ick hew mal wat läst von Kakaobodder odder sowat, un bevör de ranzig ward, möt dat Tüügs fix wedder in't Geschäft smäten warden. Gliek wenn Enn' August odder Anfang September de Temperatur ünner 20 Grad awsacken deiht, lenkt dorüm de Handel uns' Gedanken up Wiehnachten. Dat kennen wi ja nu all lang'n un schimpen dor nich mal miehr oewer.

Bi uns in't Dörp äwer hett sick so bilütten sogor de Hilligabend nah vörn verleggt. Nich up'n annern Dagg, nee, blot wat de Klockentied anbedröppt. Un dat liggt an Kurt. An denn' dicken Kurt, de ok Kuddel nennt ward. Kuddel is nämlich de Wiehnachtsmann bi uns, de einzig, de moeglich is, all ut Tradition un wägen sien Stimm. De hett he mit 60 Zigaretten jeden Dagg oewer viertig Johr lang so henkrägen, dat se sick so anhürt, as wier he würklich dörch dat ieskolle Weltall mit'n Släden tau uns rünnerkamen. Dat ganz Johr lang makt he dor allerdings keinen Gebruk von, de poor Würd, de he seggt, flüstert he binah, denn Kurt, obschons he tweinhalw Zentner wäggt, is ein, de gor nich upföllt, ümmer still, bescheiden, trüchhollend. Dorüm glöben bi uns de Kinner ok ganz lang'n an denn' Wiehnachtsmann, denn se koenen sick nich vörstellen, dat disse Stimm un disse Ogen, de ut de Larv rutglummen un vör de man ümmer de Wohrheit seggen möt, tau Kuddel gehüren. Wenn he nämlich sien Kostüm anhett, geiht Kuddel bannig ut sick rut. Denn is he nich miehr Kuddel, denn is he de Wiehnachtsmann, mit allens, wat em as himmlische Macht tausteiht.

Nu ja, ganz so himmlisch nich, de Saak hett 'n Pierdfaut, un mit denn' perrt de Düwel Alkohol dormang. Kuddel drinkt nämlich giern einen. Un Wiehnachtsmann sien, dat heit för em denn nich blot, dat rode Tüügs antautrecken, nee, he möt ok inwendig de strafende un lohnende Gerechtigkeit warden. Un dortau möt he sien Schüchternheit oewerwinnen. Un dat makt he mit Koem.

Nu möt man weiten, dat Kuddel bestellt ward, richtig mit Klockentied un so. Kuddel nimmt all Termine an. De ierst Uptritt geiht denn so mit 0,8 bet 0,9 Promille vör sick.

Dormit dat klor is, in kein Familie ward Kuddel wat anbaden, he würd dor ok gor nich drinken, all wägen dat Vörbild för de Kinner, un denn weikt ja ok de Larv dorvon up. Nee, ierst wenn he wedder up de Straat is, klappt he denn' Wiehnachtsmann vör sien Snut nah baben un günnt denn' Minschen dorachter 'n düchtigen Schluck odder twei. Un denn geiht' wieder tau denn' nächsten Insatz.

Denn' Rest kann' sick vörstellen. Nich, dat Kuddel so sachten richtig besapen ward un nich miehr kann, nee, he höllt sick, äwer jichtenswann fat' Kuddel nich miehr de Kinner in't Oog, sünnern de Öllern, un wunnerborerwies weit Kuddel allens, wat sick achter tautrocken Vörhäng'n bi uns so awspält.

Disse Saak müsst stüürt un rägelt warden, un woans, is ja klor: Je iehrer he kümmt, üm so weniger Promille un üm so weniger Wohrheiten.

Un so is dat nu kamen, dat dat bi uns gliek nah Ostern üm de tiedigen Wiehnachtsmann-Termine bi Kuddel geiht. De iersten sünd intwischen natürlich ok de düürsten.

Früher hett jedein Uptritt twintig Mark, later twintig Euro kost, Kuddel hett sick mit dat Ümräken nah de Kräugers richt'. Äwer denn hett ein em fiefuntwintig baden för denn' iersten Termin, un Geld verdarwt nich blot denn' Charakter von 'n Minschen, sünnern ok denn' von' Hilligen Abend. Oewer de Summen, de upstunns so tahlt warden, ward Stillswiegen bewohrt.

Dit Johr, so ward munkelt, sall Kuddel bi unsen Börgermeister all morgens Klock soeben tau Bescherung kamen. De hett sien Kinner wat von Zeitverschiebung vertellt, un dat de Wissenschaft uträkend harr, dat jüst üm disse Tied dat Christkind dor in denn' Stall tau Bethlehem geburen worden is.

Kuddel is dat egal. De is nahmeddags mit allens dörch, sitt in sien Koek, tellt sien Schiens un kann sick, wenn he dat noch schafft, denn noch 'n vergnäugten Hilligen Abend maken.

Nix as de Wohrheit

In' Himmel treckt de Wiehnachtsmann
sick sien lang'n Ünnerbüxen an
un söcht in't Schapp in alle Ecken
nah siene dicken Schapwullsöcken.
He find't's un sett' sick mit Gestoehn
denn ierst mal up de Bettkant hen
un seggt: „Oh Mann, wat sall dat bloß,
nu geiht de Stress all wedder los!
Sünd würklich all fief Mand verflagen,
siet ick in' Urlaub in Dierhagen
dor leeg mang anner bruunbrennt Liewer
un schuult hew up de nakten Wiewer?
Wat löppt de Tied doch blot, oh Mann!"
Denn treckt he siene Söcken an
un markt dorbi, dat in dat Krüz
dat weihdaun deiht bet an denn' Stüütz
un dat sien Buuk woll ganz gewiß
ok wedder dicker worden is.
Denn kümmt dat Rheuma-Kattenfell,
dat Ünnerhemd ut gries Flanell,
denn treckt he siene Puuschen an,
slarpt in de Koek nah näbenan.
Dor steiht sien Ollsch an' Hierd as ümmer,
he denkt: Gott, de ward ok nich jünger!
Denn strieden's sick, wiel's Tee hett kaakt,
un he wull leiwer 'n stiewen Grog.
Se meint, he müßt grad tau Wiehnachten
mal endlich up sien Läwer achten.
Gliek futert he sien Ollsch dor an:
He wier ja woll de Wiehnachtsmann,
de in de Küll müsst rutergahn,
se künn an' warmen Hierd hier stahn!
Sien Läwer süll's ut' Spill man laten
un an ehr eigen Näs sick faten!
In ehr'n Melissengeist, dor wier
miehr Alkohol in as in Bier,
dor würd de Läwer ok von möör!
Geiht rut un ballert mit de Dör.
Un denn kiekt sick de Wiehnachtsmann
sien rode Kostümierung an
un find't 'n groten Placken dor,

33

un em föllt in, dat vörrig Johr
irgendein lütt Elisabeth
up sienen Arm nich dichtholl'n hett.
Nu kriggt sien Ollsch ierst wat tau hür'n!
Nu wier dat nauch, dat harr he giern!
Blot ümmer bi Fru Holle sitten
un Kauken in denn' Kaffee stippen!
Un de, de wier ja ok nich bäder!
Tau fuul för richtig Winterwäder!
Un dörch dat Droeh'n un Klatschgeschichten
güng hier de Huswirtschaft taunichten!
De Ollsch, de brummelt in ehr Supp:
So'n Placken fööl doch gor nich up.
Oh je, oh je, dat wier tau väl!
Nu bölkt de Oll ut vulle Kähl:
Se wier woll nich recht bi Verstand!
Sankt Nikolaus, de Intrigant,
wier lang'n all scharp up sienen Posten!
So'n Placken künn denn' Job em kosten!
Doch, bitte, wenn ehr dat nich stüürt,
denn würd hüt nich tau Ierden führt,
denn güng he nämlich in denn' Kraug,
von ehr Verschlamptheit harr he nauch!
Un morg'n schreew he sien Künnigung!
Nu keem de Ollsch denn doch in Schwung!
Se sett' ehr'n Mann up'n Koekenstauhl
un seggt: „Beruhig di, leiw Paul
un drink mal ierst ein'n, mien leiw Mann,
ick kiek mi gliek denn' Placken an!"
Un kriggt denn furts ne Buddel her,
von ALDI 'n ganz nieg'n Likör,
un gütt Paul Wiehnachtsmann ein'n in.
Denn' ward gliek ruhiger tau Sinn,
un as se bi denn' Placken geiht,
nutzt schön he de Gelägenheit,
nu harr he ja dat, wat he wull,
as s' wedderkümmt, dor is he vull,
de Buddel leddig, un ehr Mann
kiekt ehr mit glasig Ogen an
un singt mit'n wackelig Gebiss,
dat dor ein Ross entsprungen is.
Se stoehnt blot kort, seggt wieder nix,
helpt in sien Jack em un sien Büx,
sett' wedder hen em, un denn löppt

se an dat Telefon un röppt
furts bi ein Wohngemeinschaft an:
„Schneewittchen? Hier's Fru Wiehnachtsmann!
Mien Kierl is wedder mal von aw.
Sett doch dien Mannschaft mal in Draww,
de möt'n tau'n Släd'nbeladen ran,
ick spann all mal denn' Schimmel an!"
De lütten Soeben sünd furts dor,
un bald is ok de Släden klor.
Se deiht denn' Öllsten von de Soeben
nu fix noch twintig Euro gäben
un seggt: „Dat wier't, ick dank juch siehr,
doch köpt kein Zigaretten för!"
Denn geiht se rin un kriggt ehr'n Ollen
mit'n Füürwehrgriff ganz gaud tau hollen
un slööpt em in denn' Släden rin,
he lallt: „Hosiannah" un slöppt in.
Se seggt tau'n Schimmel: „Allens klor?
Denn' glieken Wegg as alle Johr,
un wenn du ünn'n büst, holl mit'n Ruck,
denn markt he dat, denn waakt he up."
De Schimmel lött in Himmelshallen
noch fierlich ein poor Appels fallen
un sett' sick sachten denn in Draww.
De Fru denkt: „So, dor bün'k von aw!"
un röppt gliek nah Fru Holle rup:
„De Oll is wegg, sett Kaffee up!"

Fru Holle

Also, ick möt mal seggen, wi sünd ofteins einfach tau truschüllig, tau naiv. Ierst wenn uns de Psychoanalytiker up sien Sofa hett, denn marken wi, dat wi dor all in uns Kindheit wat verkiehrt makt hebben. Tau'n Bispill an disse Märchen glöben. Man harr all so in't Öller von drei odder vier Johr vull von Misstrugen stäken müsst un sick fragen: Wecker hett sick dat utdacht? Worüm hett he dat upschräben? Wat will he von di? Un ok: Wecker läst di dat vör? Worüm läst he dat vör? Wat will he von di? Wenn du dat fragt harrst, damals, denn wierst du hüt nich so naiv. Denn würdst du nich hüt noch glöben, dat de Gauden belohnt un de Bösen bestraft warden. Du würdst weiten, dat dat ganz anners is. Un dat disse Märchen nix wieder sünd as Loegen. Odder, üm mal wedder einen von de kommunistischen Klassiker tau Wurt kamen tau laten: Märchen sünd Opium för dat Volk!

Ick kann bewiesen, dat ick Recht hew. Nähmen wi doch blot mal disse Fru Holle. De sall ja, taumindst för Dütschland, is ja 'n dütsches Märchen, för denn' Snei taustännig sien. Dörch Betten utkloppen. Un in dit Märchen ward uns inrädt, dat wier ne flietig Fru, un ok disse Diern, de denn as Goldmarie in de Geschicht ingahn is, wier belohnt worden, wiel se ehr so düchtig hulpen harr. Dat dat utstunken Loegen sünd, is doch woll klor! Wat is denn hier mit Snei bi uns? Na? Also, ick möcht in de ehr Slapstuw nich rinrüken möten. Wenn de oewerhaupt ehr Betten mal utschüttelt, denn deiht se dat höchstens kort vör't Slapengahn, wiel se sick sülben in denn' Mief nich henleggen magg, un denn nimmt se dortau ok blot dat Finster nah Süden, un denn hett sick dat. Blot wenn de Wind mal so'n poor Feddern üm de Eck weiht, kriegen wi hier in' Norden ok wat aw.

Also kann man blot tau de Erkenntnis kamen: De Fru is schlampig! Un dorüm is dat ok mit Goldmarie un Pechmarie ganz anners wäst. Also, de ierste Diern, de tau ehr kamen is, tau de hett Fru Holle seggt: „Du arme Diern, wat hett di denn tau mi verschlagen? Kumm, sett di ierst mal hen, ick mak uns 'n Kaffee, einen mit 'n lütten Kognak in, un denn vertellst du mi mal, wat dat so Nieges giwt up de Ierd." Un so hebben de beiden denn säten, klatscht un tratscht, Dagg för Dagg, Kaffee sapen un sick üm nix kümmert. Un abend sünd de beiden denn in dat muffig Bettüch follen, höchstens dat de Bayern noch 'n bäten Snei awkregen. Un as de Diern denn wedder trüggmüsst, hett Fru Holle seggt: „Weitst du, Marie, du büst so richtig von mienen Slagg, du löppst de Arbeit ok nich achteran. Du sasst dien Läben mal nich mit Bettenmaken, Kaaken, Utfägen un so'n mallerigen Kram verbringen." Un denn hett se ehr düchtig mit Gold beklackert, un de Diern künn sick Huspersonal leisten.

Ja, un de tweite Diern, de wull bi Fru Holle ümmertau Reinmaken, Betten lüften un sowat un hett de Ollsch dormit so richtig de Rauh nahmen, un Kaffee mit Kognak möcht se ok nich. As de denn wedder trüggmüsst, hett Fru Holle seggt: „Di makt dat ja woll Hoeg, ümmertau wat tau daun tau hebben. Dorüm ward ick dorför sorgen, dat du ierstmal naug Arbeit dormit hest, di sülben rein tau kriegen." Un denn hett se, as man weit, 'n ganzen Tubben Teer oewer ehr utpladdert. Dat is de Wohrheit un nix as de Wohrheit.

Äwer se hebben uns dat ja in uns Kinnertied anners bibögt mit disse Märchen. Un wecker nu nich, so as ick, de Saak up denn' Grund geiht, de glöwt hüt noch, dat de Rieken för ehr Arbeit belohnt un de Armen för ehr Fuulheit bestraft worden sünd.

Weihnachtswitze

- Angeklagten! Se ward dreifachen Inbruch tau Last leggt! Wat koenen Se dortau seggen?

- Herr Richter, dat wier wägen dat Wiehnachtsgeschenk för mien Fru. Se hett sick doch so siehr 'n Pelzmantel wünscht, un dorför harr ick doch dat Geld nich.

- So. Un denn sünd Se einfach in denn' Pelzladen inbraken un hebben einen klaut?

- Ja, Herr Richter.

- Aha. Dat wier ... Momang ... an' Mandagg, denn' 5. Dezember. Un worüm sünd se an' Mittwoch denn' soebenten un an' Friedagg, denn' nägenten Dezember wedder in dat glieke Geschäft inbraken?

- Nu ja, Herr Richter, ick hew denn' Mantel noch tweimal wedder ümtuuschen müsst!

As de Dokter mit sien Ünnersäukung fardig is, seggt he tau de jung Fru: „Se sünd in gaude Ümstänn', mien Fröllein, ick hoff, Se freuen sick doroewer." „Nee", seggt de, „dat glöw ick nich. Dat kann gor nich sien. Ick hew nämlich noch nienich mit einen Mann wat hatt."
„Oh", seggt dor de Dokter, „denn möt ick doch fix mal ut dat Finster kieken." „Worüm denn dat?" frögt de jung Fru. „Nu ja", seggt de Dokter, „as sowat dat letzt Mal passiert is, sall dor in' Osten so'n Stiern upgahn sien ...."

- Na, Julia, wier de Wiehnachtsgottesdienst in de Kark nich schön?

- Ja, Mudding.

- Un wat hett di an' besten gefollen?

- Dat se dor extra för mi ein Lied sungen hebben.

- Se hebben för di ein Lied sungen?

- Ja. Se hebben ümmer sungen: „Hallo Julia, hallo Julia ...."

- Na, mien lütt Päuling, wat müchts du denn mal warden, wenn du grot büst?

- Wiehnachtsmann, Tante Elfriede!

- So? Un worüm?

- Denn bruk ick mien Gesicht nich miehr waschen, blot noch kämmen!

- Du, ick kann di leider kein Wiehnachtsäten kaaken.

- Un worüm nich?

- Wi hebben keinen Strom.

- Äwer wi hebben doch 'n Gashierd!

- Dat woll, äwer uns Dosenöffner is elektrisch.

- Weitst du, worüm Wiehnachten in mien Kinnertied väl schöner wier?

- Na?

- Ick müsst de Geschenke nich betahlen.

Dat hett poor Wäken düchtig froren, un de letzten Daag hett dat ok sniegt. As Max mit sien Fohrrad dörch de Natur führt, süht he mit mal, dat Paul mit sienen Pierdwagen up'n See taugangen is un dor Mess streut. „Wat sall denn dat?" bölkt Max, „dat föllt doch in'Frühjohr, wenn dat däut, allens in't Wader!" – „Holl dien Muul un haug aw!" schriegt Paul trügg, „gliek kümmt hier ein' ut Bayern un köfft mi dat as Acker aw!"

- Kennst du eigentlich denn'Ünnerscheid twischen dat Christkind un ein Ehe-fru?

- Nee, vertell mal.

- Dat Christkind müsst blot korte Tied näben einen Äsel slapen.

Paula klagt ehr Fründin ehr Leed: „Du, ick glöw, mien Mann, de süppt heimlich. Äwer he verstellt sick ümmer un lött sick dat nich anmarken. Ick mücht doch tau giern mal rutkriegen, ob he sapen hett, wenn he nah Hus kümmt." „Dat is doch ganz einfach", seggt ehr Fründin, „is ja grad Wiehnachtstied. Du stellst di einfach mit'n Licht in de Hand vör em hen. Wenn he denn meint, dat dat twei Lichter sünd, denn is he duun, un wenn he sogor meint, dat dat drei Lichter sünd, denn is he vull bet babenhen." Paula deiht dat ok, un as ehr Mann nah Hus kümmt, steiht se mit 'n Licht dor. „Oh", seggt dor ehr Mann, „worüm hest du denn denn' Dannenboom in de Hand?"

- Mama, koenen Engel fleigen?

- Ja, mien Jung, Engel koenen fleigen.

- Oh, denn kann Johanna ja ok fleigen!

- Äwer Jung, Johanna is uns Deinstmäten un kein Engel.

- Äwer Papi hett tau ehr „mien säuten Engel" seggt.

- Na denn flüggt se!

- Also, Fru Möller, wi hebben doch nu Wiehnachtstied, dor süll man doch ok mal vergäben koenen. Willen Se sick dat mit de Scheidung nich noch mal oewerleggen?

- Na gaud, Herr Richter, ick treck de Klag trügg.

- Herr Möller, Seehr Fru seggt, se will dat noch mal mit Se versäuken. Wat meinen se dotau?

- Ick nähm de Straf an, Herr Richter.

- Ja, mien lütt Susi, as ick so oewer nahdacht hew, wat ick di woll tau Wiehnachten schenk, dor hew ick mi dacht, du kannst di ditmal ein von mien schönsten Bäuker utsäuken.

- Oh, schön Opi, denn mücht ick dien Sporbauk!

- Na, wat wünscht sick denn dien Fru dit Johr tau Wiehnachten?

- Hür blot up! Dat ward ümmer düller mit ehr. De wünscht sick entwedder ne Parlenkett odder 'n Auto.

- Un wat schenkst du ehr?

- Ne Parlenkett natürlich.

- Un worüm.

- Dat giwt kein unechte Autos.

- Du, stell di mal vör: Du sittst in 'Auto un führst. Un in eine Tour führt links von di ne Füürwehr mit Blaulicht, vör di rasen twei Pierd dorhen, un dicht oewer de Ierd kümmt denn noch 'n Hubschrauber achter di an. Wat mötst du dor an' besten maken?

- Dat weit ick nich.

- Nich soväl Gläuhwien supen un von't Kinnerkarussell awstiegen!

Wiehnachtsfrugens

In' groten un ganzen hew ick as Fru kein dulle Sorgen mit de Gliekberechtigung. Mien Mann is, wat dat anbedröppt, ein Muster von einen Kierl. Up mien Arbeit giwt dat sogor miehr Frugens as Männer, un mien Chef is ne Chefin. Ick gehür ok keinen Frugensverband odder einen Kampf-Emanzen-Verein an.

Allens löppt gaud, dat ganz Johr oewer, blot denn kümmt Wiehnachten ran. Un dor kam ick nich mit trecht. Wiehnachten is frugensfeindlich.

Dat geiht all mit Maria los, de eigentlich de Hauptperson sien müsst. Ick möt seggen, dat ick ehr bewunnern dau. Ierstmal ehren Josef de Saak mit de Schwangerschaft bibringen, denn in ehren Taustand de Reis nah Bethlehem, de Entbindung in' Stall, de Flucht nah Ägypten – eigentlich müsst se ja ne bannig starke Fru wäst sien, wenn se denn ein richtig Fru wäst wier. Doch ick mein, wecker vör de Geburt un bi de Geburt un nah de Geburt Jungfru bliwt, de is woll doch miehr so'n Wunnerwäsen, un dormit kann ick denn doch nich so recht wat anfangen. Un denn nähmen wi mal de Scheper. Allens Männer, klor, de Frugens müssten sick ja tau Hus üm de Familien kümmern. Äwer harr'n nich jüst in denn' Momang, wo de Engel kemen, ein poor Frugens rut up dat Feld kamen künnt, üm ehr Kierls dat Äten tau bringen?

Äwer de Engel sülben möt'n gor nich ierst nahdenken, de sallen ja ... woans heit dat ...geschlechtsneutral sien, obschons 'n dor in dat Olle Testament ok ganz wat anners läsen kann, Moses 1.6, weckern dat intressiert, äwer laten wi dat mal bisiet.

Denn kemen de Könige ut dat Morgenland. Ok Kierls, wat woll süss. Dorbi hett dat damals in disse Gägend dörchut all Königinnen gäben, Kleopatra tau'n Bispill odder de Königin von Saba.

Schön, dat dor 'n Swarten bi wäst is, dat is besünners hüt, nah tweidusend Johr, von grote Bedüdung. Perfekt wier dat natürlich wäst, wenn dat fief wäst wieren, ein Aborigine un ein Indianer noch dorbi, dat harr mi gefollen. Ein Europäer natürlich ok, äwer dat wier denn villicht ein ut Bayern wäst, wiel de dissen starken Globen hebben, un dor weit ick nich so recht, ob ick dat gaud funnen harr.

Egal, de drei, de nu mal dor wieren, sünd, so as de Scheper ok, up de Knei follen. Un vör weckern? Vör denn' Jung natürlich, nich vör Maria. Un Gold, Weihrauch un Myrrhe hebben se em schenkt, mit wat so'n lütt Kind ja gor nix anfangen kann. Mal ganz dorvon awseihn, dat kein Minsch weit, wo disse Kostbarkeiten nahstens awbläben sünd, kein Wurt steiht dorvon in de Bibel. Ick glöw, dat sick dat so'n Fluchthelfer krallt hett, as de beiden mit dat Kind Hals oewer Kopp nah Ägypten utrieten müssten.

Äwer laten wi de Bibel mal. Snacken wi mal von denn' Wiehnachtsmann. Natürlich hett de ok ne christlich Tradition, blot in de Bibel steiht he nich in. Dat Vörbild för em sall so'n ollen Bischof wäst sien, so üm dat Johr 300 rüm, de ümmer besünners gaud tau de Kinner wier. Dat heit, eigentlich wier de dat Vörbild för denn' Nikolaus, de Wiehnachtsmann würd nämlich 1931 von Coca Cola erfunnen. Also, disse Bischof Nikolaus wier natürlich ok 'n Kierl, damals geew dat ja blot de katholsche Meinung, dat Eva as Fru doran Schuld wier, dat se nich för alle Ewigkeit allein mit Adam in't Paradies läben künn. Dat se de Schlang glöwt hett, dat'n Sex hebben un Kinner kriegen kann. Dat wier woll ein Geheimnis, dat nich verradt' warden süll. Un as Straf dorför is denn de Minschheit entstahn, un dat ward de Frugens bet hüt noch oewelnahmen.

Also disse Bischof wier ein Kierl mit'n roden Mantel un ne rode Mütz. Un de Coca Cola – Maler hett ut em 'n Wiehnachtsmann makt.

Nu hebben wi twors ne Reformation hatt, un jichtenwann hett dat denn ok mal ne Bischöfin gäben, äwer entwedder wier de nich besünners gaud tau Kinner, odder de Tied wier einfach all an de Moeglichkeit vörbigahn, tau ein Nikoläusin odder ein Wiehnachtsfru tau warden.

Un dat is nu de Punkt. Hier möten wi Frugens dat Monopol endlich bräken. Dat dörf nich miehr blot denn' gauden Ollen, dat möt ok de gaude Ollsch gäben! Sietdäm Alice Schwarzer oewer denn' lütten Ünnerscheid schräben hett, egal, ob se em ut Erfohrung kennt hett odder nich, drängt de Tied dornah. Un sietdäm wi Frugens ok bi Fautball un Boxen bewiest hebben, dat nix Männliches uns frömd is, ierst recht.

De Wiehnachtsfru möt her! Taumindst paritätisch. Natürlich nich so, dat wi uns so'n äkelhaften Vullbort ankläben, 'n Mantel antrecken, de nah Mottenpulver stinkt un Stäwel, in de all twintig Männerfäut ehren Sweit vergaten hebben; nee, 'n lütt bäten anners möt sick so'n Wiehnachtsfru all präsentieren.

Klor, ne Mütz möt sien, äwer dor giwt dat ja Moeglichkeiten ahn Enn'. De Mantel möt natürlich 'n bäten Form hebben, wi möten uns' Figur ja nich verstäken. Pelzbesatz – worüm nich, äwer nich witt Karnickelfell odder so, bäten miehr in Richtung Nerz odder Chinchilla künn dor all dacht warden.

För de Büxen nimmt'n an' besten Stretch, man möt ja ofteins in de Huuk gahn bi de lütten Kinner, un denn buult dat nich so ut. Wat de Stäwel angeiht, denk ick, dat wi up 'n lütten Awsatz nich verzichten süllten.

Natürlich de Kleedaschen in de Modefarw von de Saison, dat is ja woll klor. Un so'n ollen Tüffelsack geiht ok nich. Twors weit ick nich, wat'n dor as Fru so nähmen künn, äwer tau wat giwt dat letztenends Modedesigner.

Also ran, Frugens! Wi hebben ne Bundeskanzlerin, dor möt sick doch grad nu de Wiehnachtsfru politisch dörchsetten laten! Äwer mit Leiw, dat gehürt sich Wiehnachten so. Kein Losungen: „Wiehnachtsmänner in de Geriatrie!" odder „Kiekt juch denn' ollen Sack mal an – wi bruken keinen Wiehnachtsmann!", nee, dat is allens gor nich nödig. Dat rägelt sick nämlich von sülben. Ick bruk blot an de välen Männer tau denken, de mit ehr Kinner an de Hand dörch de wiehnachtlichen Straten lopen, wieldes ehr Frugens tau Hus mit de Festvörbereitungen tau daun hebben. Is doch woll klor, tau wat för ein Wiehnachtsfigur de sick hentreckt fäuhlen.

Tähnweihdaag

Nu is he dor, de Wiehnachtsdagg,
de för all anner schön sien magg,
blot ick bün in ein schlimme Laag,
denn hüt grad hew ick Tähnweihdaag!

Dat is de olle Backentähn,
ick wull all lang'n nah'n Dokter hen,
doch nich miehr vör de Fierdaag –
nu sitt ick dor mit Tähnweihdaag!

Mien Schwiegermudder kümmt, wo nett,
de Hoor ja up de Tähnen hett,
de hew ick ok, dat is kein Fraag,
doch hüt hew ick ja Tähnweihdaag!

Ut'n Backab'n fangt tau duften an
de Gaus, de ick nich bieten kann,
oh Mann, wat bullert mi de Maag!
De Düwel hal de Tähnweigdaag!

Wo schön wi süss spazierngahn sünd!
Ick kann nich rut in' kollen Wind,
oh Gott, wat is dat blot för'n Plaag
mit de verflixten Tähnweihdaag!

Mit mi is nix miehr antaufang'n,
in mienen Kopp sünd weck taugang'n
un warken dor mit Äxt un Saag,
oh Schiet, wat hew ick Tähnweihdaag!

Blot Wiehnachtslieder üm mi rüm,
doch laat erklingen ick mien Stimm,
denn is mien Lied ein einzig Klaag:
Oh Jesus, wat för'n Tähnweihdaag!

Worüm de Wiehnachtsmann olt is

Knecht Ruprecht nehm vör lange Tied
in' Himmel Petrus sick bisiet
un säd: „Du, Simon, hür doch mal,
jed Johr möt ick tau lerden daal,
hew bi denn' Wiehnachtskram de Leitung
mit all de Vör- un Nahbereitung,
mi ward dat nu so sachts tauväl.
Künn nich 'n anner an mien Stell?"
Petrus de grient un seggt: „Oll Fründ,
ick weit', dat' anner Gründen sünd,
worüm di suur dien Posten is,
dien junge Fru is dat förwiss,
de wisst tau Hus allein nich laten
un di mit Wiehnachtskram befaten.
Tjä, wecker 'n junges Wiew sick nimmt,
süll vörher weiten, wat dor kümmt."
Knecht Ruprecht süfzt un seggt: „Hest recht.
Doch woans krieg ick dat woll trecht?
Du hest doch 'n gauden Draht tau'n Chef,
spräk mal för mi un segg, ick hew
dörch mien Verdeinste doch bestimmt
dat Recht, dat man mal 'n annern findt."
Doch Petrus seggt. „Tau'n Chef gah 'k nich.
De ward dor höchstens argerlich,
de hett ganz anner Sorg'n as du
mit dien Gedau üm dien jung'n Fru.
Dor mein ick doch, dat krieg'n wi denn
ok oewer'n korten Deinstwegg hen.
Mi föllt grad in ..., ja, täuw doch mal,
bi mi sitt ein in' Wartesaal,
ein von de ungeklärten Fäll –
nich klor, ob Himmel odder Höll.
Dat is 'n jungen starken Kierl,
denn' frag ick mal, ob he dat will."
Geiht wegg un kümmt denn wedder an
mit einen Kierl – ein Bild von Mann,
de wier ut de Modellkist säker
för Lüüd as Arnold Schwarzenegger,
un Petrus säd: „Hier, denn' liehr an.
Wi nennen em denn ‚Wiehnachtsmann'."
Knecht Ruprecht treckt nu aw mit em,

in' Himmel gahn so'n poor Daag hen,
dor hürt oll Petrus einen Larm
un ein Gebölk tau'n Gotterbarm'n.
Ruprecht stört't vör de Himmelsdör
un stött denn' Kierl grow vör sick her:
„Hier, nimm em trügg, gliek up de Stell!
Un rünner mit em in de Höll!"
Doch Petrus schüwwt nu ierst einmal
denn' Kierl trügg in denn' Wartesaal
un fröggt: „Dat bliwwt woll all'ns bi'n ollen,
un du wisst dienen Job behollen?"
Ruprecht winkt aw: „Nee, seggt is seggt.
Ick keem mit dissen blot nich trecht.
Nu pass mal up, ick präsentier
di mien'n Wunschkandidaten hier:"
Un winkt nah achtern. Ein oll Mann,
de slarpt ganz langsam nu heran,
is mit sien Hänn' all flatterig
un mit sien Bein all tatterig
un ganz bedächtig von Gewäs
un hett 'n Druppen an de Näs.
„Wat?", röppt dor Petrus, „denn' oll'n Knaaken,
denn' wisst tau'n Wiehnachtsmann du maken?
Denn' koen'n 'w de Minschen doch nich beiden,
de Kierl, de hett ja dusend Leiden,
de hett doch gor nich miehr de Kraft,
dat he de ganze Arbeit schafft!"
„Doch", seggt Knecht Ruprecht, „dat's kein Fraag,
täusch di man nich, de Kierl is taag.
Un is de Wiehnachtstied tau Enn',
kurier'n wi em all wedder hen,
ick bün siehr froh, dat ick em hew,
büst du dorgäg'n, gah'k sülb'n tau'n Chef.
Weitst du, ganz ünner uns mal seggt,
verstah mi doch, mi is dat recht,
dat he so väle Leiden hett.
Denn' finn'k nich bi mien Fru in't Bett!"

49

Wiehnachts-Test

Leiw Mann, wenn du noch ledig büst
un di doch bald verfriegen wisst,
un 't giwt all ein up disse Welt,
mit de di dit un dat geföllt,
un doch fröggst du noch toegerich:
„Is't woll de Richtig, odder nich?",
denn is't üm disse Daag dat Best,
du makst mit ehr denn' Wiehnachts-Test
un kiekst mal scharp, wat se woll deiht,
wenn't an dat grote Fest rangeiht:

Ob's ümmer stoehnt all vör dat Fest:
„Oh, wat'n Stress! Oh, wat'n Stress!"
Odder giern löppt mit fröhlich Sinnen,
üm ok wat Schön's för di tau finnen.

Ob's sick up't Wiehnachtsäten freut
un ok von't Kaaken wat versteiht,
odder, kiekt's sick Rezepte an,
di fröggt: „Segg, wat is Majoran?"

Ob se, wenn du denn' Karpfen bringst,
gliek schriegt: „Ih, wo nah Fisch du stinkst!"
odder dorbigeiht, flott un fix,
em slacht' un utnimmt, as wier't nix.

Ob se mit Leiw denn' Dann'boom schmückt,
odder ümmer „Huch!" schriegt, wenn's sick piekt,
ob's tau dien Engel-Mobile
seggt: „Wat is dat för'n Kitsch, oh nee!'
Odder ob's Schmuck un Dannenboom
noch giern hett as ein' Kinnerdroom.

Ob se vör'n Entenbraden sitt
un sick dor 'n Fitzel aw blot snitt
un dorbi stoehnt in eine Tour:
„Oh, mien Figur! Oh, mien Figur!"
Odder ob's sick an dissen Dagg
ok lütte Sünn' mal günnen magg.

Ob's bäten mit de Ogen pliert,
wenn se de Wiehnachtslieder hürt,
odder ob's seggt: „So'n Dudelkram!
Wi maken gliek mal Techno an!"

Nah dissen Test kann dat gescheihn,
du büst Silvester denn allein.
Odder di is nah't Fest denn klor:
„Denn' Engel will'k noch väle Johr!"

De Winter is kamen

De Winter is kamen, verstummt is de Welt,
in' Warmen tau sitten nu gaud uns geföllt.

Lat' stürmen von Nurden so as dat man will,
wi sitten bi'n Punsch un uns kümmert kein Küll.

Un wenn ok dor buten kein Vagel miehr singt,
in't Hart von uns all nu ein Wiehnachtslied klingt.

Drüm lat dat dor buten man stürmen un snien,
de Winter sall fründlich willkamen uns sien.

De Stierndaler

Dor wier mal ein Diern, de wieren de Öllern storben, un se wier in Not geraden. Dat güng ehr so leeg, dat se allens wat se harr, Stück för Stück verköpen müsst, üm ein bäten Brot tau hebben.

Grad as se ehren achteihnsten Geburtsdagg harr, wier ehr nix miehr bläben as ein lütt kort Hemd up denn' blanken Liew. Un wiel se sick ja so bi Daag ünner de Minschen nich seihn laten künn, täuwte se, bet dat Nacht wier un güng rut ut dat Hus, rut ut de Stadt un ümmer wieder wegg.

Dat wier kolt, un ehr Bein wullen ehr binah all nich miehr drägen, dor stünn se up ein Wisch, dicht an denn' Rand von ein düster Holt. As se so nah baben keek, dor seeg se de Stierns hell un klor oewer sick blinkern, un se rööp in ehr'n Kummer: „Ach, wenn doch blot ein dorvon 'n Daler wier un tau mi rünnerfallen dehd, denn harr all mien Not ein Enn'!"

Dor hürte se mit mal ne Stimm von baben, un de säd: „Böhr dien Hemd up, ick will di dor war rinfallen laten." Un se böhrte ehr kort Hemd up bet hoch oewer de Bost, un würklich fölen dor von baben blanke Euros rin.

Un as Jagdpächter Max Piefenkurn up sienen Hochsitz kein lütt Geld miehr harr, steeg he dal, leggte de Diern sienen Lodenmantel üm, sett'te sick mit ehr in sienen Geländewagen un nehm ehr mit in sien warme Wahnung.

Dat he ehr later heuradt' hett, is denn äwer woll ein Märchen.

Swienkram

Gaud'n Dagg, leiw Lüüd, ick bün ein Swien,
nu fang'ns blot nich gliek an tau grien'n,
nee, von de minschlich Swien bün'k kein,
ein richtig bün ick mit vier Bein.
Ick hoff, dat sick dit läsen lött.
Wenn ein saumäßig Klau man hett,
denn is so'n minschlich Schriewerie
ne Sauarbeit, dat glöben's mi.
Ick mücht hier hüt tau Wurt mi mellen
un förmlich einen Andragg stellen:
Ick mücht ok bi de Kripp mit stahn
un so in de Geschicht ingahn,
de damals wier in Bethlehem
un de de Lüüd bet hüt noch kenn'n.
Oss, Äsel, Schap – ick hew dat hürt –
de hebb'n dat gradtau abonniert;
ick weit ok, dat in't jüdisch Land
dorüm kein Swien wier bi de Hand,
wiel't dor nich up denn' Spiesplan stünn
un dorüm kein weck hollen künn ....
Doch birr ick Se – ne Engel-Schoor,
de wier doch ok vörher nich dor!
Drei Könige hebb'n sick in't Läben
doch nich in Bethlehem rümdräben.
Un liekers, as dat wier so wiet,
bröcht Gott ehr hen tau rechte Tied.
Worüm hett he, as all'ns wier trecht,
nich noch mal käken un denn seggt:
„Dor fählt doch noch wat an? Genau!
Halt noch so'n nüdlich Farken tau!"
Hett he sick nich up mi besunnen?
Odder mi villicht ok blot nich funnen?
Villicht hew ick dat sülb'n verhunzt
un irg'ndwo rümmerläg'n un grunzt?
Tschä, leider is bet hüt de Fall:
Kein Swien in' Bethlehemer Stall.
So'n Schap, dat in sien Doemlichkeit
ja doch ahnhen von nix wat weit,
so'n Äsel, de bet hüt noch glöwt,
dat Äsels Gold ut'n Achtern stöwt,
so'n Oss, de in de Rinderwelt,

all gor nix gellt, wiel em wat fählt –
de sall'n allein tau Kripp gehür'n?
Will'ns dat nich bäten korrigiern?
Segg'ns sülben, hür ick dor nich rin?
So swienplietsch as ick nu mal bün?
Un dorüm sall mien Andragg sien:
Erfinnen Se dat Krippenswien!

De gaude Vörsatz

Also, ick möt mal seggen, Wiehnachten is ja ganz schön, all de Adventstied, denn dat Fest sülben mit Dannenboom, Geschenke, Gausbraden un so, würklich wunnerbor. Äwer dat Best för mi is Silvester. Nich, dat ick so'n Ballerminschen bün, de dörch de Straaten treckt un de Frugens Knaller mang de Bein smitt, nee. Un ok för disse Raketen sallen man de annern ehr Geld utgäben, dor hett man ok Freud an, wenn man se nich sülben awscheiten deiht.

Ick magg Silvester dorüm, wiel dat ne gaud Gelägenheit is, sick wat Grotes vörtaunähmen för dat taukamen Johr. Tau'n Bispill, nich miehr tau smöken.

Hew ick makt, jawoll! Punkt teihn nah twölben, as dat mit Küssen un Wünschen vörbi wier, hew ick mien halw Zigarett in' Aschenbäker intweiquetscht un hew tau mi un all mien Gäst seggt, dat dat de letzt wäst is.

Dat wier ein wunnerbor Gefäuhl! Endlich wegg von de verdammigte Sucht! Natürlich hew ick mien Gäst ok gliek verklort, wat se sick un mi andaun, wenn se wiederhen ehr Lungen un mien Stuw verpesten. Herrlich is dat, wenn man weit, dat man up de richtig Siet steiht, up de Siet von de Gesundheit nämlich, un mit gaud Geweiten as ein lüchten Vörbild dorstahn kann!

Un ick hew ehr ok vörräkend, wat ick Dagg för Dagg un Monat för Monat un Johr för Johr sporen ward un wat ick mi allens dorför leisten un anschaffen kann. De neidischen Gesichter rundüm hebben mi richtig Freud makt.

Klock twei bün ick denn in't Bett gahn. De Qualmerie von de annern wier würklich äkelhaft, un de Stimmung wier ok nich miehr so. Gaud, ick gäw tau, ick harr bilütten ok all so'n bäten Entzugg, un wenn' denn slöppt, markt man em nich so. Natürlich smök ick intwischen wedder. An' Niejohrsmorgen hew ick mi seggt, dat ick tau mien Koppweihdaag nich ok noch disse Beschwerden von't Awgewöhnen up mi laden möt.

Wecker bün ick denn eigentlich! Hew ick dat ganz Johr hart arbeit', dat ick mi gliek an' iersten Dagg von't niege Johr awquälen möt un lieden? Man sall dat Niege Johr fröhlich anfangen, un dat hew ick makt. Mit ne Buddel Bier gägen mienen Kater un mit ne schön Zigarett dortau. Un gliek wier de Stimmung so, as se sien möt för so'n niegen Anfang.

Ja, un dorüm magg ick Silvester so giern. Wägen denn' gauden Vörsatz, denn' man so richtig von Harten faten deiht, de einen stolz makt up sick, de einen richtig tau'n Helden warden lött.

Dorüm magg Wiehnachten so schön sien, as dat will, up disse twei Stunnen Silvester nah Klock twölben, up de freu ick mi an' meisten in't ganz Johr.

Wiehnachten mit Schwiegermudder

De Wiehnachtstied, dat is ne Tied,
dor giwt' väl Freud, doch oft ok Striet
un't Schlimmst is woll tau't Wiehnachtsfest,
wenn du ne Schwiegermudder hest,
de 't schönste Fest in't Johr di stüürt,
wiel se sick rinnermengeliert.
Steiht's Hilligmorgen vör de Dör,
denn weitst du all – dat löppt verquer,
dien Kinner susen wegg in' Draww
un sluten fix ehr Dören aw,
se weiten dat: Nu fangt gliek an
de Sauberkeits- un Uprüümwahn.
Dörch't Hus huult iesigkolt de Wind,
wiel alle Finster upmakt sünd,
denn leggt se los un schimpt un deiht,
as wenn de Dreck all kneihoch steiht.
Stoffsugerhuul'n un Zackeriern,
dat kriggst du nu drei Stunn' tau hürn,
un jedein Ruum, de Fliesen hett
ward ünner kaakend Wader sett'.
Dien Fru hett dorbi nix tau mellen,
de möt tau Koek un Tüften schellen,
doch smitt's ok dorhen noch 'n Blick
un meckert rüm, se schellt tau dick.
Denn kümmt dat tau denn' nächsten Knall,
wiel dat hüt Karpfen gäben sall:
Bi ehr harr't in ehr ganzes Läben
ümmer Salat mit Bockwusst gäben,
wi fägten hier mit unsen Fisch
de ganze Tradition von' Disch,
un dat bewiest ehr wedder mal,
wat *se* denkt, wier uns ganz egal!
Is dit nu allens oewerstahn,
denn kiekt se sick denn' Dann'boom an,
tausam'nbunn' noch up denn' Balkon,
un mäkelt gliek an sien Fasson:
Dat seeg se up denn' iersten Blick,
dat wier kein Boom, dat wier ne Krück.
Un wenn he endlich binnen steiht,
is he tau small odder tau breit,
un steiht natürlich ok nich grad,

denn kein von uns hett Ogenmaat.
Denn geiht dat an dat Schmücken ran,
nee, Kinnerlüüd, oh Mann, oh Mann,
nee, wat wi dor tau hüren kriegen,
dat will ick leiwer hier verschwiegen.
Un so geiht Stück üm Stück dat wieder.
Blot *se* kennt alle Wiehnachtslieder,
bi de Bescherung kiekt's di an
so säutsuur, as blot *se* dat kann,
un an ehr'n Ton, wenn's Danke seggt,
markst du: Wier wedder nich dat recht!
Ja, so kann di dat gahn tau'n Fest,
wenn du so'n Schwiegermudder hest
un de is Hilligmorgen dor.
Mien kümmt nu all dat achte Johr,
wiel's meint, dat uns dat freuen künn,
un dit Mal laten wi ehr rin.

59

Wiehnachtsqualm

Mien Fru un ick, wi hebben uns dat Smöken awgewöhnt. Dat wier 'n harten Gang, besünners bi mi, wohrhaftig. Letztenends wier ick ja viertig Johr up Sucht wäst. Morgens nah't Upstahn, wenn ick nah denn' iersten Haustenanfall wedder Luft kreeg, güng't all los, de Kaffee hett ahn Zigarett einfach nich schmeckt. Ok anner Saken, so as Läsen, Schrieben, Telefonieren, Nahdenken odder Spazierengahn wiern ahn Qualm gor nich moeglich. Un nah dat Äten güng dat ierst recht nich, un abends bi ne Buddel Bier all gor nich ahn Zigarett.

Äwer nu hew ick denn' sworen Wegg achter mi mit Gruppentherapie, Nikotinplaster, Hypnose, Bespräken, Akupunktur un sowat allens. Bet nu is dat gaud gahn, un de Tön, de mien Bronchien abends so von sick gäben, hüren sick all nich miehr ganz so grugelich an. Doch nu kümmt Wiehnachten un nienich is de Gefohr von einen Rückfall so grot wäst as nu.

Mien Fru un ick, wi hebben nämlich disse Dinger sammelt, för de dat keinen plattdütschen Utdruck giwt, wiel de gor nich von hier stammen daun. In ehr Heimat heiten se „Raachermandl", un de smöken nich, de „nabeln", wat nix mit'n Buuknabel, sünnern mit Näbel tau daun hett. Wi hebben in all de Johren mit Hülp von uns' Frünn' 52 Stück dorvon tausamenbröcht, un de würden ümmer an' iersten Advent schön in uns' Wahnung verdeilt – Nachtwächter, Schossteinfäger, Förster – gaud, de hett ja jedein, äwer wi hebben ok 'n Seemann, 'n Paster un 'n Buurn – dat ulkigst is ein Osterhas' mit Piep, de äwer liekers ümmer blot tau Wiehnachten ut de Kist kümmt.

All de Johren hebben wi denn ümmer üm de Wett smökt, mien Fru un ick un disse 52 Figuren. De Ünnerscheid wier, dat wi beiden bi ein Sort bläben sünd, uns Mitsmökers hebben wi wesseln laten, dat geew ja sogor in DDR-Tieden taumindst drei Orten von disse lütten Kägels mit de de Rook makt ward.

Väl Besäuk hebben wi in disse Tied nienich hatt, sülwst uns' Frünn', de meisten dorvon natürlich ok Lüüd, de ahn twei Schachtel Zigaretten in de Tasch nich ut'n Hus gahn, löten sick vör denn' sössten Januar nich bi uns seihn.

Wi sünd mal kort nah Niejohr ümtreckt, dor hett de Maler, de uns' oll Wahnung wedder up Schick bröcht hett, seggt, he würd de Wahnung ok nah de Renovierung as „schwer vermietbar" instufen.

Na gaud, mien Fru un ick sünd nu dorvon aw. Äwer 52 Figuren stahn nu dor, un wenn' ein Försterhus, ne Damplok un denn' Osterhasen dorvon awtreckt, sünd dat 49 lütte minschliche Awbiller, de up de Welt sünd, üm tau smöken. Un de kieken einen nu an, oewerall in de Wahnung, sülwst up dat Klo steiht ein Hamborger Hummel-Hummel-Kierl mit apen Muul. De hett ümmer dat Tüüg mit de gräune Duftnote smökt.

Upstellt hett se mien Fru, un ick hew mi dat ierst Mal in uns' langen Johren fragt, ob se woll heimlich so'n Sado-Maso-Typ is, Se weiten ja, so'n Minsch, de Vergnäugen doran hett, sick un anner tau foltern.

Villicht dröppt ehr dat äwer ok dorüm nich so hart, wiel dat allens Kierls sünd, de süchtig in uns Wahnung kieken. Smöken dörben se natürlich nich, dat taumindst hew ick dörchsett', un de Teihn-Kilo-Packung mit dissen gräunen, roden un swarten Stinkstoff, denn' se all köfft harr, hew ick in' Gorden verbrennt. De Anzeig von't Umweltamt is all dor.

Äwer gägen dat Upstellen hew ick nix utrichten künnt, dor is se iesern bläben un hett seggt, dat wier ne Prüfung, de ick bestahn müsst, wenn ick 'n echten Nichtraucher warden wull. Un wo ick denn' Smökstoff ja nu vernicht' harr, wieren disse Kierls doch jüst so up Entzugg as ick, un wi wieren ein wunnerbore Leidensgemeinschaft odder sowat.

Gistern abend is uns Dochter kort vörbikamen. Se hett 'n Slötel un möt dorüm nich bimmeln. Mien Fru wier bi ehr Fründin näbenan, un ick wier vör denn' Fernseher so'n bäten indrusselt. Uns Dochter hett mi weckt un seggt, dat se sick bannig verfiehrt harr, as se in de Stuw kamen wier. Ick harr in denn' Sessel säten, ein Hand so an't Gesicht, as wenn ick 'n Piepenkopp tau faten harr, un mien Mund harr ganz rund un wiet apen stahn.

62

Wiehnachtswunsch för mien Nahwers

Dat Wiehnachtsfest röögt an't Gemäut
un sleiht up Maag un Läwer,
dat is so bi de meisten Lüüd
links, achtern, rechts un gägenoewer.

Drüm wünsch' ick tau de Wiehnachtsdaag
ne arbeitsfreudig Läwer,
ein weik Gemäut, ne faste Maag
Juch achtern, links, rechts, gägenoewer.

De Wiehnachtsmann

Jürgen fägt dörch de Straaten. Aw un tau bliwwt he stahn, halt sein Inkoopslist rut, suust in einen Laden, kümmt wedder rut un wieder geiht'. Bet mit mal Rolf vör em steiht. Bevör Jürgen tau Puust kümmt, seggt Rolf: „Gauden Dagg, na, wo heitst du denn?" Jürgen kiekt verbaast. „Minsch, dat weitst du doch: Jürgen!"- „Aha", seggt Rolf, „weitst du denn ok, wecker ick bün?" Jürgen ritt de Ogen wiet up. „Na klor, du büst Rolf. Segg mal, is di nich gaud?"
Rolf geiht ganz dicht nah Jürgen ran. „Büst du denn ok ümmer orrig, un deihst, wat dien Frau di seggt?" Nu geiht Jürgen doch leiwer up Awstand. „Rolf, wisst du nich villicht leiwer nah Hus gahn un di 'n bäten henleggen?" Rolf lött nich nah: „Makst du dien Arbeit ok ümmer gaud? Is dien Chef mit di taufräden? Un rümst du tau Hus ok dien Stuw ümmer schön up? Un kannst du ok 'n Gedicht upseggen odder mi ein Lied vörsingen?"
Nu ward Jürgen fünsch: „Rolf! Wenn du tauväl Grog drunken hest, denn süsst du tauseihn, dat du von de Straat kümmst. Ick verbidd mi disse narrschen Fragen. Dat allens gellt di gor nix an!" – „Kiek mal an", seggt Rolf un grient, „äwer du löttst tau, dat so'n Fragen dien Kinner stellt warden. Von einen wildfrömden Minschen." Jürgen kiekt Rolf grot an: „Wecker süll mien Kinner woll so doemlich Fragen stellen?"
„Wat denn", seggt Rolf, „dat weitst du nich? De Wiehnachtsmann."

Kinnerwünsche

Ein Gameboy, ein Fohrrad,
ein Kinnermotorrad,
ne grote Kist LEGO,
von ADIDAS Turnschoh,
ein Handy, ein Rennbahn,
nah MacDonalds utgahn,
ein Keyboard, ein Pony
von Opi un Omi,
Poor Skier un ein' Släden,
denn bün'ck all taufräden,
wenn'ck noch Geld dortau krieg,
miehr wünsch ick mi nich.

De unmotivierte Wiehnachtsmann

Ick bün de Wiehnachtsmann. De echte Wiehnachtsmann, de einzig Wiehnachtsmann – ick bün dat Original. Dat Mallür is blot, dat ick dat nich bewiesen kann. Ick wull mi all mal 'n Deinstutwies utstellen laten, äwer dat würd dor baben einfach awlähnt. Ick süll dörch mien Upträden un dörch mien Persönlichkeit hier ünnen wiesen, wecker ick wier.

Äwer woans makt'n dat, wenn' nich richtig motiviert is? Un ick bün nich richtig motiviert!

An wat dat liggt? Dat will ick Se vertellen. Dor is ierstmal disse Konkurrenz. Von Anfang Dezember an toben hier Wiehnachtsmänner dörch de Straaten, dörch de Koophüser, drängeln sick in Wiehnachtsfiern rin un wat weit ick noch allens. Natürlich sünd de nich echt. Äwer leider kann' dat nich verbeiden. Juristisch is nämlich „Wiehnachtsmann" kein „geschützte Berufsbezeichnung", as dat dor heit. Un dat is 'n Skandal. Kein Minsch dörf sick as Dokter utgäben, de Lüüd in' Hals kieken un ehr Blaut awnähmen. Odder keinein dörf unberechtigt seggen, he wier Finanzbeamter un wull mal fix bäten Geld hebben. Äwer as Wiehnachtsmann rümlopen, dat dörf jedein Idiot.

He möt blot rode Plünnen antrecken un mit so'n Stimm snacken, as wenn he jeden Dagg 80 Zigaretten smökt. Un dor sünd wi glick bi de tweite Saak. De roden Klamotten! All oewer hunnert Johr lang versäuk ick, de dor baben tau oewertügen, dat de rode Farw nich miehr de richtig is. Dor verbindt' sick doch hier ünnen nix Schöns miehr mit. Kein Minsch freut sick oewer rode Ampeln odder rode Tahlen in de Bilanzen, un politisch is dat ok nich miehr in Mod', sülwst wo dat dor noch rot heit, is dat lang'n all rosa worden.

Äwer Se glöben gor nich, wo oltmodsch mien Chefs sünd! Ganz ünner uns – ick möt in mien Stäwel sogor noch rode Socken drägen! Ick wier ja för so'n fründlich Gräun, hellgräun an' besten, dormit sick de Minschen in denn' natten un kollen Winter all 'n bäten up dat Frühjohr freuen koenen. So'n schönen gräunen Overall odder ne Gordenschört un gräune Gummistäwel ... na ja, dat ward woll nienich wat.

Un denn de Saak mit de Kinner, odder välmiehr mit de Öllern! De willen, dat ick ehr Kinner verprügel, wenn de nich up Befähl ahn Stamern ein Gedicht upseggen koenen! Klor giwt dat up de anner Siet ok Geschenke. Äwer Geschenke giwt dat, wiel dat so sien möt, dat dat Geschenke giwt tau Wiehnachten. Würd man dormit uphollen, würd de Bildzeitung woll dat Enn' von uns Zivilisation ankünnigen, obschons ja ein'n gewissen Jesus Geburtsdagg hett un nich wi.

Also, kort un gaud, ick magg nich miehr. Ick hew natürlich ok all versöcht, mi awtauschaffen. Äwer dor hett dat heiten, ick müsst denn einen Ersatz för mi finnen. Ick hew de Polizei vörschlagen. De künnen doch oewerall mit ehr smucken Streifenwagen rümführen un de Kinner de Verkiehrsrägeln awfragen. Disse Rägeln sünd doch väl wichtiger as so'n stöckerig Riemel von' „leiwen gauden

Wiehnachtsmann". Un wenn de Kinner Bescheid weiten, denn kriegen se Poli-
zeiteddys odder lütte Polizeiautos schenkt, un wenn nich, denn ward so'n bäten
mit denn' Schlaggstock draugt.

Disse Vörschlagg is awlähnt worden. Von de Polizei. Se hebben seggt, se löten
sick doch nich tau'n Wiehnachtsmann maken. Dor seihn Se mal, wat ick för'n leeg
Anseihn hew.

Also, ick bün wedder dor. Dat Original. Ob ick will odder nich.

De Sneimann

Sneimann, Sneimann, kiek mal an,
wat büst du för'n staatschen Mann!
Steihst in Küll un Stormgebrus
stolz in' Gorden vör dat Hus,
reckst dien Wörtelnäs in' Wind
un dien Mund ut Kahlen grient.

Doch kümmt denn dat Frühjohr mal,
lopen di de Tranen dal,
un in Stücken geiht dien Rock,
ut de Hänn' föllt di de Stock,
von denn' Doez föllt di de Pott,
Sneimann, un denn rullt dien Kopp.

Sneimann, segg, wat is denn dit?
Büst blot noch ne Waderpütt!
Doch ick weit dat ganz bestimmt,
wenn de nächste Winter kümmt
un de rugen Winden weihn,
warden wi uns wedderseihn.

Wiehnachtsreisen

Wat is dat kolt un düster hier
un ümmer natt un gries,
drüm will ick mienen Kuffer nähm'n,
ick bliew nich hier, ick will dor hen,
wo dat nu schöner is.

Ick will in de Karibik fleig'n,
is dat ok noch so wiet.
Dor wo dat warm is, treckt' mi hen,
dor hew ick ünner Palmen denn
ne schöne Wiehnachtstied.

Doch föllt mi noch wat Bäd'res in
grad tau dat Wiehnachtsfest:
Ganz wiet nah Norden sall dat gahn,
dor will in' deipen Snei ick stahn,
dat is dat Allerbest.

Doch glöw ick, ick ward doch nich daun,
wat ick so all'ns hew plaant –
kein Wiehnachtsfest in wiede Fiern,
denn ick ward nah Grot Klüschen führn,
wiel dor mien Mudding wahnt.

Ach ja, ...

Ach ja, wenn Wiehnachten kümmt ran,
denn fangt de Kram all wedder an,
dat Johr is rüm, iehr man dat denkt,
all wedder grüweln, wat man schenkt.

Ach ja, wenn Wiehnachten kümmt ran,
kiekt man sien Portmonneh sick an,
markt, dat dat Lock dorin förwiß
all wedder grötter worden is.

Ach ja, wenn Wiehnachten kümmt ran,
brukt man wat Schön's in Pott un Pann,
wat sall man wedder kaaken, backen,
dat bliwt meist up de Frugens hacken.

Ach ja, wenn Wiehnachten kümmt ran,
söcht wedder man ne schöne Dann,
un hett man's upstellt, dat is klor,
is 's wedder scheif, as vörrig Johr.

Ach ja, wenn Wiehnachten kümmt ran,
toowt los man, bet man nich miehr kann,
un liekers, ok bi all denn' Stress
ward't wedder 'n schönes Wiehnachtsfest.

Stiernenlicht

Dor stünn ein Stiern an' Häben
tau Bethlehem bi Nacht,
för ein lütt Minschenläben
hööl in sien'n Glanz he Wacht.
De Stiern, he kümmt von niegen
tau uns nu jedein Johr,
lött uns andächtig swiegen,
dat Christfest is nu dor.

Ein Kind würd uns geburen,
ein arm lütt Minschenkind,
för dat in sien ierst Stunnen
nich mal ein Bett sick findt.
Un wier ok Stroh sien Lager,
un wier't ok blot ein Stall,
begünn doch in de Krüww dor
ein Läben för uns all.

Von baben keem ein Singen
herünner up der Ier,
de Scheper hürten klingen,
dat Christus buren wier.
De Stall, de Krüww, de Engel,
de Scheper up dat Feld –
de Stiern, he makt' de Nacht hell
un anners würd de Welt.

Ick hür dat giern, wenn ok de Jugend plappert – dat Niege klingt, dat Oll, dat klappert.
(Goethe)

Happy Birthday!

Hallo, Stiern von Bethlehem!
Du büst wedder dor,
blinkst nu all so lange Tied,
gaud tweidusend Johr.
Steihst nich miehr an' Häben – nee,
mit elektrisch Licht,
ut Plastik odder Pappmachè
vertellst du dien Geschicht.
Man seggt, dat sall bedüden,
dat tau'n Wiehnachtsdagg
ein lütt Stiern in jeden
von uns blinken magg.
Dor kann ick nich mit klorkam'n,
denn dorbi kümmt ja rut:
Advent un Wiehnacht blinkert he
un dornah geiht he ut.

Happy Birthday, Jesus!
Hürt man dien Geschicht,
möt man ierst mal seggen:
witzig is de nich.
Keemst tau Welt in einen Stall,
keiner wull juch hebb'n,
Mann, wat wier'n dat blot för Lüüd,
dor in Bethlehem!
Keiner geew juch ein lütt Eck
in de ganze Stadt,
hest kein Weig un ok kein Bett
un kein Pampers hatt.
Damals wüsst noch kein Bescheid,
wat du för'n Power hest.
He, nu dreiht mal bäten up,
hüt is Geburtsdaggsfest!

Damals up de Feller
wier'n de Scheper dor,
un von' Himmel baben süng
denn ein Engelchor.
Ok wenn dat so schräben is –
in mien Phantasie
stell ick mi dat anners vör,
un ick denk bi mi:
De Engel keem'n mit Juchen
nah ünn'n un freuten sick
un danzten mit de Scheper
tau ne heit Musik!
Happy Birthday, Jesus!
Ein, dat is gewiss,
ok wenn ick Geschenke krieg,
dat dien Geburtsdagg is!

De Wiehnachtskatastroph

Dat Wiehnachtsfest hett sien Tücken, dat is klor. Wecker in so korte Tied soväl taustannen bringen will, möt dormit räken, dat ok wat scheif geiht. Äwer wi Frugens kriegen dat ümmer wedder hen. Meist ward dat nich so schlimm. Richtige Wiehnachtskatastrophen sünd tau'n Glück selten. Wi hebben letzt Johr ein hatt.

Mein Mann keem ne Woch vör dat Fest nah Hus un säd, dat he sienen Chef mit Fru an' iersten Fierdagg tau'n Meddagg inladen harr. Ick gäw tau, dat ick dor utrast't bün. Dissen oewerspönigen Grotkotz mit sien blondierte Zääg! Klor hew ick mi weigert, tau kaaken, besünners, as mien Kierl anfüng, ok noch wat von Wiehnachtsgaus tau snacken!

Ick hew mi ierst wedder beruhigt, as he säd, dat he natürlich nich wull, dat ick denn' ganzen Vörmeddag in de Koek stah. He würd sick üm allens kümmern, un as Koeksch süll Ulrike kamen. Ulrike is ne jung Fru ut dat nächste Dörp, de ne ukrainisch Großmudder hatt hett un wunnerbor kaaken un braden un bakken kann. Dormit verdeint se sick giern mal 'n poor Euro dortau, so bi Familienfiern odder wo dat süss noch brukt ward. Mien Kierl rööp ehr ok glieks an, un för 'n düchtigen Fierdaggstauschlagg wier se inverstahn.

Ick wier twors noch ümmer bannig suur, äwer mi güng dat ja nu allens nix miehr an.

De Daag bet tau'n Heiligabend vergüngen mit Stress as ümmer, de Abend sülben lööp aw as süss ok. Mien Mann harr nix miehr seggt von denn' Gausbraden, un ick hew dor ok nich von anfungen. Ut Prinzip nich. He wull ja för allens taustännig sien.

Nächsten Morgen Klock acht wier Ulrike dor. „Na, wo is de Vagel?" – „Dat weit ick nich", säd ick, „äwer he ward dat Diert woll in dat grot Käuhlschapp dor in de Kamer leggt hebben."

Mien Mann würd blass. „Ick? Meinst du mi?" – „Klor", säd ick, „weckern denn süss? Du wusst di doch üm allens kümmern." – „Äwer doch nich üm't Inköpen!", bölkte he los, „dat makst du doch ümmer!" – „Holt stop!", säd ick, „ick köp in, wat wi jeden Dagg tau'n Läben bruken. Un dat dau ick nich, wiel ick as Fru dorför taustännig bün, sünnern wiel sick dat gaud up denn' Wegg von mien Arbeit maken lött un du ahnen ümmer de Häft vergäten würdst.'

Mien Kierl füng an, mit de Ogen tau flattern un mit dat Kinn tau bäwern. „Sall dat heiten ... wi hebben ... kein Gaus?" – „Nee", säd ick, „wenn du kein köfft hest, hebben wi kein."

Wat nu keem, is mit Würd nich tau beschrieben. Ulrike wull denn' Notarzt anraupen, äwer denn hebben wi mienen Kierl doch beruhigt krägen un hebben alltausamen oewerleggt, wat wi daun künnen. As ierst Moeglichkeit hebben wi an dacht, tau seggen, uns Gashierd wier explodiert, un wi müssten nu tau'n Äten in ein Restaurant gahn. Äwer as mien Mann von Klock nägen an de Lokalitäten awtelefoniert harr, geew he gägen Klock teihn up. Nix tau maken, allens bestellt. De nächst Vörschlagg, jichtenswo up't Dörp tau führen un ein läwig Gaus tau köpen, würd von Ulrike awlähnt. De würd mit Schlachten un Ruppen un so wieder nich miehr tau rechte Tied fardig, säd se.

Mien Mann stört'te nah buten un in't Auto. „Ick finn jichtenswo wat!", schreeg he, „ick möt wat finnen!"

As he gägen halw twölben wedderkeem, harr he in einen Plastikbüdel 25 Wiener Würstchen von de Frittenbaud an'Bahnhoff mitbröcht un harr dortau ein Idee, de man blot sienen grugeligen Taustand gaudschrieben künn.

Wi wullten alle Schuld up Bodo schuben. Bodo, möten Se weiten, is unsen urollen Bernhardiner, de eigentlich blot noch up'n Flur ünner de Trepp liggt un pennt. De Plan wier nu so: Wi süllten uns mit unsen Besäuk in de Wahnstuw an denn' Disch setten, Ulrike süll ne Tütensupp, de wi noch harden, so'n bäten veredeln, un wi künnen denn anfangen tau äten. Un denn süll Ulrike in de Koek bannign Larm maken un schimpen un denn rinkamen un seggen, de Hund harr de Gaus kort vör dat Tranchieren von' Disch räten un upfräten odder taumindst kaputt-matscht. Un ick süll denn seggen, dat wi nu leider blot noch 'n poor Wiener Würstchen in't Hus harden.

So lööp dat denn ok. Binah. De Chef un sien Ollsch keemen, se natürlich upputzt as 'n Dannenboom. In de Supp harr uns Koeksch so väl Paprika rinmakt, dat wi ehr de as ungarische Spezialität ünnerjubeln künnen. As denn in de Koek de Krach losgüng, hew ick mi richtig freut, wo echt de klüng. Un as Ulrike denn rinstört't keem, harr dat binah wat von antike Tragödie. Mang all ehr Stamern un Jammern künn man ümmer blot de Würd „Hund" un „upfräten" ruthüren. Wunnerbor! „Ulrike", säd mien Mann, „nu rieten Se sick doch mal tausamen. Hett de Hund villicht ... de Gaus upfräten?" – „Nee!", röp Ulrike, un ehr löpen wohrhaftig de Tranen daal, „nee, de Würstchen!"

Globen

Se willen weiten, worüm ick hüt an' Hilligen Abend in' Kraug sitt? Dat kann ick Se seggen. Wägen denn' Globen, blot wägen denn' Globen. De fählt nämlich de Minschen. Dorbi süll de doch grad nu, in disse Tied, besünners stark sien, denkt man doch. Äwer jüst dat Gägendeil is de Fall, un an' schlimmsten is dat bi mien Fru.

As ick körtens denn' Nikolaus drapen hew, dor güng dat all los. Dorbi stünn de würklich up mienen Wegg von de Arbeit an de Eck un hett mi ut sien Thermosbuddel 'n wunnerboren Gläuhwien anbaden. Un wiel dat ja de Buddel von einen heiligen Mann wier, würd de gor nich leddig, un wi hebben uns richtig lang'n oewer Gott un de Welt ünnerhollen.

Natürlich keem ick so'n bäten duun nah Hus, äwer so'n Begäbenheit is doch woll 'n Grund, odder?

Äwer weiten Se, wat mien Fru meint hett, as ick ehr von dat Wunner vertellen wull?

Von wägen Nikolaus, hett se seggt, dat wier blot wedder mien Kumpel Rudi wäst, de oll Suupsack, un mit denn' wier ick stunnenlang oewer'n Wiehnachtsmarkt treckt.

Odder as ick mit de Hirten tausamen wier! Dor kann man doch woll an glöben, dat all de Figuren ut de Wiehnachtsgeschicht in disse Tied up Ierden üm uns rüm sünd! Wo schön hebben wi nah 'n lütten Punsch tausamen Hosiannah sungen!

Äwer mien Fru hett seggt, se wüsst, dat ick nah ne Wiehnachtsfier bi mi up Arbeit achteran mit mien Kollegen so luut besapen up de Straat rümgrölt harr, dat nu ein Strafmandat keem. De Fru von denn' Polizisten näbenan harr ehr dat vertellt. Noch schlimmer wier dat, as up'n Wiehnachtsmarkt de Engel tau mi keem, 'n richtigen wunnerschönen Wiehnachtsengel. De hett ierst leiw un säut mit mi snackt, un denn hett he mi ümfaat' un 'n bäten mit in de Höögt nahmen ... Koenen Se sick vörstellen, wat mien Fru dortau seggt hett?

Dat disse Engel de mannsdulle Yvonne wäst is, de mi mit in ehr Stuw in' drütten Stock nahmen hett. Se wüsst Bescheid!

Seihn Se, so is dat mit denn' Globen.

Un nu is se wegg. Nee, nich wägen denn' Engel un dat. Wegg is se wägen dat Christkind. Dor glöwt se ok nich an.

As hüt morgen disse Breif von't Jugendamt ankeem, dor is se richtig dörchdreiht. Nu ja, ick hew mi bi ne Deinstreis in' April so'n lütten Aprilscherz verlöwt, un nu hett disse Fru dor mi angäben. De kann nämlich ok nich richtig glöben. Dat is doch grad üm disse Tied rüm all mal vörkamen, dat ein Kind keinen konkreten Vadder harr.

Seihn Se, de Globen fählt oewerall. Frohe Wiehnachten.

Oewerraschungen

Klopp, klopp, klopp – wat kloppt dor an?
Dat is woll de Wiehnachtsmann,
de mit sien Geschenke kümmt
un mi ganz wat Schönes bringt.

Dagg, ick bün Wachtmeister Krull,
bi Se is dat Maat nu vull,
dat Finanzamt hett uns bäden,
dat wi ehr nu Amtshülp gäben,
se will'n sick nich miehr gedulden,
Se betahl'n dor furts Ehr Schulden,
hebb'n Se dat bet morg'n nich schafft,
möten Se in Beugehaft!
Süss wünsch ick Se noch dat Best
un ein schönes Wiehnachtsfest!

Klopp, klopp, klopp – wat kloppt dor an?
Ditmal is't de Wiehnachtsmann!
Wecker süll mi süss noch stüürn?
Oh, wat för ne säute Diern!

Dagg, mien Nam is Claudia,
mien Mudder, de heit Monika,
un de weit dat ganz bestimmt,
dat Se mien Erzeuger sünd.
Wi hebb'n grad vör ein poor Stunnen
endlich Ehr Adress rutfunnen,
un nu will'n wi, dat is klor,
Ünnerholt för soeb'nteihn Johr!
Süss wünsch ick Se noch dat Best
un ein schönes Wiehnachtsfest!

Klopp, klopp, klopp – wat kloppt dor an?
Wedder nich de Wiehnachtsmann?
Düwel, wecker is dat nu?
Gott, de Fründin von mien Fru!

Gruß von Petra, se seggt di,
se bliwwt oewer't Fest bi mi
un dornah ok noch de Daag,
un denn kümmt de Scheidungsklaag,

un du kannst di dat ok sporen,
ehr noch lang'n wat vörtaurohren,
se hett naug von dien Gedroen,
dien Kuffer, de steiht up'n Boen.
Süss wünsch ick di noch dat Best
un ein schönes Wiehnachtsfest!

Klopp, klopp, klopp – wat kloppt dor an?
Nix, wat mi noch argern kann!
Kiek, dor steiht ne Buddel Wien,
Mann, von weckern magg de sien?

Ganz egal, dat is de Trost!
Ierst ein' up't Finanzamt! Prost!
Un denn' tweiten drink ick denn
up mien Kinner, de 'k nich kenn,
mit denn' drütten wünsch ick Sägen
all de Frug'ns, de mi nich moegen,
mit denn' Rest prost ick in Rauh
mi denn blot allein noch tau,
un ick wünsch mi sülb'n dat Best
un ein schönes Wiehnachtsfest!

Einmal in't Johr

Mien Fru hett seggt, ick möt nah'n Psychiater gahn. Ick harr verdrängte Komplexe, un wenn se nich uppasst, denn würd ick ümmer wedder versäuken, de dörch zwanghaftes Dominanzbestreben tau kompensieren. Verstahn Se, wat se meint? Nee? Ick ok nich.

In de Schaul hew ick nich tau de Besten hürt, dat stimmt. Weiten Se, wat mien Öllern ümmer seggt hebben? „De Jung is nich dumm, äwer stinkend fuul!" Dat kennen Se? Klor, dat seggen all Öllern, wenn von ehr Kind nich furts seggt ward, dat dor ein grot Talent binnen stäken deiht. Uns Öllern, von de de meisten ja blot dörch unglücklich Läbensümstänn' doran hinnert worden sünd, Akademiker, Politiker odder Fernsehstar tau warden, koenen sick nämlich nich vörstellen, einen Soehn tau hebben, de kein gülden Taukunft vör sick hett, wo se em doch so geniale Anlagen mitgäben hebben.

Ick jedenfalls hew dat Abitur nich schafft. In de Liehr güng dat ok man so äben un äben, wiel ick eigentlich gor nich wüsst, ob ick dat würklich warden wull, wat ick warden müsst.

As ick utliehrt harr, hett mi mien Arbeit denn eigentlich richtig Spaß makt. Ick harr gaude Kollegen, hew soväl Geld verdeint, dat dat langen dehd, un dat harr allens so wiedergahn künnt.

Äwer denn hew ick mien Fru kennenliehrt. As de mi seggt hett, dat se mi leiwt, hew ick ehr ahn väl Ümstänn' wedderleiwt un hew dacht, miehr brukt man nich. Dat wier äwer nich so. Mien Fru hett nämlich studiert. Tweeinhalw Mal. Dat drütte Diplom hett se nich miehr schafft, wägen uns' Kind, un de Promotion ok nich. Nich, dat se mi dat vörhollen deiht, äwer ick mark doch ümmer wedder, wo wichtig ehr de Bildung is un wo siehr se dat brukt, sick dorin tau bewiesen. Besünners wenn wi männigmal mit uns' Frünn' tausamensitten, ward se ofteins richtig argerlich, wenn ick ok mitsnacken will. Villicht is dat ja würklich nich dat Kläukst, wat ick denn segg. Körtens hett se sogor mal meint, ick harr so'n dumm Tüüg von mi gäben, dat de annern tau'n Glück glöwt hebben, dat ick besapen wäst wier. Un dormit ick mi dat nu awgewöhn, sall ick up de berühmte Couch.

Äwer dor ward nix ut. Ick hew nämlich wat anners funnen. Ick bruk nich nah'n Psychiater. Einmal in't Johr taumindst giwt dat ne Moeglichkeit, wo ick allens utglieken kann. Wo ick sogor wat Besünners bün, ein, äwer denn' sick jedein freut. Denn' ok jedein tauhürt, denn' sien Wurt richtig Gewicht hett.

Ick hew mi bi uns Stadt beworben – as Wiehnachtsmann.

Gesunnes Fest

Wiehnachten, dat is woll klor,
is't gefährlichst Fest in't Johr:
All Lüüd, de wat köpen willen,
de verstreu'n rundüm Bazillen,
un kümmst ut' Gewäuhl du rut,
sünd dien groten Tehn'n kaputt.
Parkplatz – rut mit tauväl Schwung –
Crash – Gehirnerschütterung,
Duum'n upsnäd'n bi't Doos upmaken,
beide Hänn' verbrennt bi't Kaaken,
Nervenkrankheit dörch denn' Stress,
von väl Säutes Karies.
Von de Fest-Spirituose
kriggt dien Läwer de Zirrhose.
Hörsturz dörch de Festbeschallung,
Kreislauf in gefährlich Wallung,
Magenkrampf un Blasenpien,
väl tau väl Cholesterin,
noch 'n Virus näbenbi –
Buukweihdaag un Schieterie,
mit Kolik meldt' sick dien Gall,
Konto lerrig – Herzanfall.
Tschä, so geiht tau'n Fest dat rund.
Frohe Wiehnacht! Bliewt gesund!

Awschied

Lat' uns nu Tschüß segg'n
mit Freud in uns Hart
un Hoffen, dat' wedder
ne schöne Wiehnacht ward.

Freud will'n wi wünschen
tau Festdagg un Fier
un Fräden de Minschen
oewerall up de Ier.

Magg sick erfüllen
manch Wunsch, denn' ji hewt,
magg Dank juch dat bringen,
wat ji de annern gäwt.

Dat ok noch wieder
väl Schönes ward wohr,
dat Sägen ji mitnähmt
in dat taukamen Johr.

Der Autor

Manfred Brümmer wurde 1947 in der Reuterstadt Stavenhagen geboren.

An der Fritz-Reuter-Bühne des Mecklenburgischen Staatstheaters Schwerin erhielt er 1975 ein Engagement als Schauspieler und arbeitet dort bis heute als Dramaturg. Zahlreiche Übersetzungen ins Plattdeutsche, eigene Stükke, ein Musical, Kurzgeschichten und Liedtexte entstanden bisher, sowie ein Hörspiel, das bei Internationalen Mundarttagen den ersten Preis erhielt. Seit 1997 gehört er zur Moderatorenrunde der „Plappermoehl", der beliebten niederdeutschen Unterhaltungssendung von NDR 1 Radio MV.

Für sein Wirken wurde Manfred Brümmer im Jahre 1997 mit dem Johannes-Gillhoff-Preis für Norddeutsche Kunst und Kultur ausgezeichnet. 2010 wurde er mit dem Fritz-Reuter-Literaturpreis geehrt.

Beim Hinstorff-Verlag erschienen von ihm die Sonntagsgeschichten für NDR 1 Radio MV „Kiek mal an!"

Der Illustrator

Ulf-Peter Schwarz, Jahrgang 1959, wurde im Ostseebad Boltenhagen geboren.

Der gelernte Agrar-Ingenieur übernahm nach der Wende im NWM-Verlag die Geschäftsführung.

Dem Autodidakt wurde sein künstlerisches Talent in die Wiege gelegt, dennoch festigte er seine zeichnerischen Fähigkeiten seit frühester Jugend ständig weiter.

Ein Grafik-Design-Fernstudium und die direkte fachliche Anleitung national und international anerkannter Wildtiermaler wie Rudolf Michalski oder Manfred Schatz ließen ihn zu einem hoffnungsvollen Wildtiermaler reifen. Zahlreiche Illustrationen in selbst verlegten Jagdbüchern sowie sein seit 15 Jahren erscheinender Kalender „Hubertustage" sind nur einige Beispiele. Seine Tiergemälde sind in wechselnden Ausstellungen zu sehen. Seit 2011 steht seine Galerie mit Atelier im heimischen Plüschow nach Voranmeldung (0172-88 78 721) interessierten Besuchern offen.

Die heimliche Liebe des Illustrators ist das Cartoon, wovon Sie sich in diesem Büchlein ein Bild machen können.